姜尚中の政治学入門

姜尚中
Kang Sang-jung

その背後に問題意識がはっきりと透けて見えるような、いくつかのキーワードを手がかりに、現代の日本とそれが関わる世界を読み解けないか。

そんなことをずっと考えてきた私にとって、本書は、政治学入門の形をとった現代日本論とも言えます。そうしたスタイルをとったのは、政治学が本来、未来への構想力を提言することを目的とする知の形態だと思うからです。

こう言えば、きっと古めかしい規範的な理論の押しつけのように思われるかもしれません。しかし、事実を客観的に記述する政治学であれ、あるべき姿を提示する批判的で規範的な政治学であれ、今もっとも必要とされているのは、政治的な構想力ではないかと思います。それは、私なりの解釈で言えば、「論理」（ロゴス）と「情念」（パトス）の二つの世界を包み込むことで、人と人とを繋ぐ公的な世界の形成に人々を駆り立てる力なのです。

*

現代の日本を見渡すと、まさしくそのような構想力が枯渇し、人々は、砂粒のようにバラバラになり、流砂のように移ろいやすくなっているように思えてなりません。

憲法改正が持論の保守政治の長老重鎮ですら、かつては粘土のように固まっていた大衆が砂粒のように孤立し、ポピュリズム政治の格好の餌食になっている、と慨嘆しているほどだから、現代日本の社会は、ハンナ・アーレント[1]が『全体主義の起原』で描いたような社会に限りなく近づきつつあるようにも見えます。

ただ、アーレントのころと違うのは、公然としたテロルがあるわけでもなく、密告制度や暴力装置が人々を震え上がらせているわけでもないことです。

むしろ、ちょうどネット上の株取引で空前の活況を呈している株式市場のように、政治の世界もまた、メディアを介した劇場型の人間くさいドラマで、今までになく活気づいているように思えます。

けれども、少額の資金でネット取引に励むおびただしい数のにわか株主が増え、市場が「民主化」されればされるほど、実際には市場の寡占的な支配が進むように、政治の世界にもまた、同じような現象が広がろうとしているのではないでしょうか。つまり、砂粒化した有権者の「民主的な参加」が、寡頭制的な少数者支配を推し進めていく現象です。

すでにこうした現象は、半世紀にわたって派閥のローテーションを疑似政権交代にして老練な保守支配をしきってきた自民党そのものの「改革劇」のなかにはっきりと現れています。今や、異なった意見を封じ込めてしまうような、見えない「同調」の強制力が働き、玉虫色でファジーだった政権政党がワンカラーに染め上げられようとしているのです。

このような現象は早晩、社会そのものの体質になっていくはずであり、その意味で五五年体制[2]の成立以来の変化が起ころうとしているのかもしれません。

本書は、このような半世紀ぶりの構造的な変化にさらされている日本社会の現状を念頭においています。

どんな社会にも、ちょうど鉄道の線路が切り替わるような転轍《てんてつ》の分岐点というものがあるのです。そのポイントが定まると、後はその線路の上を、社会という名の車両が走っていくことになる。日本の戦後史でいうと、敗戦から五五年体制の成立までがその時期に当たります。そしてそれから半世紀、今また、日本社会の線路が切り替わる転轍の分岐点にさしかかっているのではないでしょうか。

本書は、オーソドックスな政治学の入門書と違って、そうした私なりの歴史感覚をベースに、七つのキーワードを選び、それらについて解説を加える体裁をとっています。

これらのキーワードは、決して恣意的に選択したのではありません。現代日本の政治と社会を読み解くために、そもそも論から始めるつもりで、七つの言葉を取り上げるようにしたのです。

「アメリカ」を冒頭においたのは、そもそも「アメリカ」とは何なのかという素朴な疑問が発端なのですが、戦後日本の始まりがそうだったように、戦後の終わりと言えるような現在も、「アメリカ」なしに日本の政治は語りえません。

また、「暴力」や「主権」そして「憲法」といったキーワードを配置したのは、現代の日本が抱えている問題を、近代政治学のもっとも原則的な概念と関わらせて論じたかったからです。

この「アメリカ」から始まって「憲法」に至る流れは、「戦後民主主義」という、まさしく還暦を迎えた戦後日本の姿そのものへの問いに繋がっています。

*

さらに、あらためてそのようなキーワードの根底にある歴史の感覚を取り上げる意味で「歴史認識」について論じることにしました。

最後の「東北アジア」は、冒頭の「アメリカ」に呼応するキーワードです。「東北アジア」は、東アジア共同体とともに、ある意味で「アメリカ」にかわる選択肢の意味合いがあり、そこから先に述べたような政治的な構想力を汲み取ってほしいと思います。

このように、七つのキーワードは、ランダムに選ばれたのではなく、一つのストーリーへの問いに即して取り上げられたものなのです。それは、戦後の日本が、「アメリカ」に軸足をおきつつも、もう一つの軸足を「東北アジア」あるいは東アジアにおくストーリーはありえるのか否かという問いでもあります。

本書が、現代の日本を考える一つのガイドラインになってくれれば、望外の喜びです。

目次

第五章　戦後民主主義

第一章　アメリカ

▼アメリカについて語ること

現在を生きる私たちにとって、最大の政治的な関心事は何かといえば、やはりアメリカということになるでしょう。

それは日本だけに限りません。今やアメリカについて語るということ自体が、世界における自らのポジションを確認するためのもっとも有効な手立てとなっています。言ってみれば、アメリカは、世界にとっての超越的な「参照系」になっているのです。

そして、朝鮮半島、中国、台湾、さらに、中南米、ヨーロッパ、中東、アフリカ等々、世界各地で素描されるアメリカ像は、それぞれ異なった姿をしています。たった一つのアメリカ像というものが存在しない以上、参照系としてのアメリカは、あくまでも括弧つきの「アメリカ」ということになります。

そのようなことを念頭に「アメリカ」についてみていきましょう。

▼巨大な物量と生産力

まず、アメリカニズム（Americanism）とは何か、という問題から始めましょう。

アメリカニズムについての定義や言説は数が多く、一つ一つ検証していくと、それだけで途方もない分量になってしまいますが、一貫して語られてきたキーワードの一つに、「資本主義社会における巨大な物量と生産力」を挙げることができると思います。

例えば、平凡社の『大百科事典』を取り上げて考えてみましょう。この事典は、満州事変が勃発した一九三一年から刊行が始まったのですが、初版時の「アメリカ合衆国」の項をひもとくと、当時の日本が、意外なほど正確に、アメリカの実情を把握していたことがわかります。まず、日米双方の自動車の総台数を人口比で比較し、両者の格差を明確に記述しています。さらに、最先端のテクノロジーや巨大な生産力、そして資源について言及しながら、アメリカが間違いなく巨大国家であり、無尽蔵なポテンシャルを秘めていることを示唆しています。同時に「ソビエト連邦」の項を見てみると、「ロシヤ」が本項目となっていて、内容的にはアメリカ合衆国とセットで捉えられていたことがわかります。

実際、テイラー・システム[1]という、アメリカで生まれた科学的管理法を、逸早くソビエトに導入しようとしたのは、レーニン[2]でした。彼は、「共産主義とは、ソビエト権力プラス電力である」と指摘していますが、アメリカニズムは、レーニンに深いインスピレーションを与え、二〇世紀の初頭に、ひとかたならぬ刻印を社会主義圏にも残していたのです。

▼共和制デモクラシー

ところで、アントニオ・ネグリ(3)とマイケル・ハート(4)は、話題になった『帝国』のなかで、アメリカという存在を、巨大な物量や生産力、テクノロジーや文化面における影響力だけではなく、コンスティチューション（constitution）という観点からも捉えました。この場合のコンスティチューションとは、憲法だけではなく、政治制度全般を意味しています。

彼らは、現在のアメリカをローマ帝国に準《なぞら》えながら、共和制的な民主主義のダイナミズムと帝国的なグローバリズムとが結びついたものが、アメリカ的なコンスティチューションである、という解釈を展開しています。

彼らの解釈によれば、本来はローカルなものにすぎない、このコンスティチューションが、ネットワーク型権力によって日々再構成され、膨張しつづけている。だからこそ、事実上、アメリカがグローバル・スタンダードになりえたのだ、というのです。

確かに、アメリカ建国時のフェデラリスト（Federalist　連邦党員・連邦党支持者）たちは、独立当初から、ローマ的な共和制を意識していました。ネグリたちの理解では、アメリカと帝国はイコールではありませんが、アメリカ建国の理念自体に、帝国的な意識が内在していたのです。

ヨーロッパの封建制や絶対王制の汚濁とは無縁な「イノセントな」新天地でありながら、地下水脈のどこかでヨーロッパと繋がっているアメリカ。この二重性ゆえに、アメリカは共和制的なデモクラシーにもっとも相応《ふさわ》しい場と見なされ、次第に、「自由と民主主義の聖地」というアイデンティティが育まれるようになりました。

ハンナ・アーレントは、真に大文字の「革命」(Revolution) と呼ぶに値するのは、アメリカ独立革命である、と述べています。彼女によれば、フランス革命は「社会」の「解放」をもたらしたのですが、それは結局、私利私欲に駆られた「人間」の「解放」をもたらしたにすぎなかったというのです。これに対して、アメリカ独立革命は、公的な「自由の創設」を可能にする新しい政治体(=共和国)を打ち立てた、とアーレントは指摘しています。

このことは、例えばアメリカの「銃社会」の存在からも理解できます。

アメリカでは、市民が武力を担うという「民兵」の伝統が、建国以来、継続してきました。この民兵組織は、マキアヴェリ(5)が描いたような、フィレンツェの自由のために戦った市民武装の歴史を彷彿《ほうふつ》とさせます。彼は、共和制を下から支えるものは、死を賭して自分たちの国を防衛するという市民的な愛国心 (patriotism) である、と語っています。

このマキアヴェリの理念は、独立革命時、東部十三州が最初の契約関係を結んだときに、新大陸で大規模に実現されるようになったわけです。この意味で共和国と民兵は一心同体でした。革命前夜のアメリカ植民社会では、植民地人の多くは、独立自営の有産者であり、有徳の市民であり、武器の所有者であり、武器の訓練を受けている民兵だったわけです。以来、アメリカは、共和制的な理念をもった国として出発し、社会の多様性やさまざまな対立をも、民主主義のエネルギー源としてしまうようなコンスティチューションを創造してきました。

この理念が、常に外から新しい人種や民族を受け入れながら、その混乱をも含めて活力にするような、移民国家システムの根幹に、しっかりと埋め込まれているのです。

▼宗教が支える理想主義

アーレント以前にも、アメリカの共和制デモクラシーを積極的に評価するような議論は、数多くありました。

例えば、カール・マルクス(6)も『ユダヤ人問題によせて』のなかで、プロイセン、フランス、アメリカの三国を比較し、政治的解放がもっとも進んだ社会はアメリカだ、と指摘しています。

しかし、現実には、アメリカの共和制的な原理や、理想主義の根幹には、宗教の存在が深く刻印されており、それが最近になって、大きな問題として浮上しています。じつは、共和制デモクラシーと宗教の関係に注意を払ったアメリカ論は、意外なほど見当たりません。ネグリとハートの『帝国』でも、一番欠けている部分は、アメリカのキリスト教原理主義(7)への言及です。

＊

アレクシス・ド・トクヴィル(8)は、ブッシュ(9)政権以降、特に顕在化した、キリスト教原理主義、あるいは福音主義の問題に、すでに一九世紀の時点で気づいていたと言えます。

一八三一年から三二年にかけて、トクヴィルは、刑務所制度の視察のため、アメリカに派遣されました。彼の見聞によれば、もっとも民主化が進んだ国家において、境遇の平等化が進み、しかし社会がバラバラに分裂せずにいるのは、じつは、世俗化された宗教（ルソー(10)が言う市民宗教）の賜物だったというわけです。

これは、政治と宗教の関係を徹底的に分離したフランスとは、異なったデモクラシーの在り方を指していました。そのときのトクヴィルの見聞は、後に『アメリカのデモクラシー』という著書に結実しました。ちなみに、二〇世紀の初頭には、マックス・ウェーバー(11)も「プロテスタンティズムの諸教派と資本主義の精神」を著し、同じような考察を展開しています。

では、なぜヨーロッパと違って、アメリカでは、デモクラシーが宗教的なエートスによって支えられてきたのでしょうか。

私は、その一番のポイントは、宗教戦争[12]の有無ではないかと考えます。

宗教戦争の惨禍を経験したヨーロッパ社会は、近代国家を形成する際、宗教的なるものと政治的なるものをどのように分離すべきかを、もっとも重要視しました。トマス・ホッブズ[13]やジョン・ロック[14]、そしてルソーといった人たちは、いずれも、政教分離の原理を土台としながら、政治思想を形成していったのです。

トクヴィルは、アメリカでは宗教的情熱が共和制的な愛国心の原動力を培っている、と指摘していますが、その最大の要因は、封建制と王制の不在にあるとみなしました。私はさらにそこから敷衍《ふえん》して、アメリカを、例えばピルグリム・ファーザーズ[15]のような、宗教戦争から逃れてきた人々がつくった国家というふうに捉えることが可能だと思います。この意味でも、アメリカは、ヨーロッパの鬼子的な存在と言えるのではないでしょうか。

▼アメリカン・インディアンの虐殺と奴隷制の原罪

トクヴィルの視座から、もう一点、考えさせられることがあります。

それは、アメリカの「原罪」と言うべき問題です。

確かに、スペインも、中南米の先住民を大量に殺しました。けれども、同時に、先住民との間で混交も進みました。それに対して、アメリカは、じつに短期間のうちに、合理的かつ非人道的に先住民を殺戮《さつりく》していきました。これほどの人口規模の先住民のジェノサイドは、歴史上、ほとんど類例がありません。先に独立革命のころのアメリカでは、民兵と共和国が一体となっていたと指摘しましたが、独立戦争は実は、先住民排除による膨張戦争という性格をもっていたのです。トクヴィルは、奴隷制は貴族制の過ちだが、アメリカン・インディアンの虐殺は平民たちの罪だ、と述べています。

さらにくだって、一九六〇年代のマーティン・ルーサー・キング(16)やマルコムX(17)を中心とした公民権運動やブラックパワーの台頭で可視化されるまで、あれほど苛酷な人種差別社会が、どうして温存されたままだったのでしょうか。

私は、アメリカ建国以来の原理的な問題は、先住民の虐殺と人種差別という二つの「原罪」と、決して切り離してはならないと考えています。

もしもアメリカがもっと小さな規模の国家であれば、一九世紀の半ばには、すでに帝国主義化していたでしょう。しかし、新大陸という広大な土地を持ちえたことによって、ヨーロッパ諸国とはまったく違った、異形の歴史を歩むことになったのです。

このような意味でアメリカを「大陸帝国」(Continental Empire) と捉える見方もあります。いわば、ヨーロッパ諸国が植民地に対して行使した暴力を国内に向け、それが先住民の虐殺と奴隷制度を生みだした、というわけです。しかし、内側への帝国主義が飽和状態に達した一九世紀末に、アメリカはついに、国外への膨張を開始します。

▼植民地なき帝国

一九世紀から二〇世紀にかけてのアメリカ合衆国大統領は、ウィリアム・マッキンリー(18)でした。世紀転換期に合衆国のトップに登りつめた共和党出身の大統領は、在任中の一八九八年に、米西戦争を指揮しています。

私は、このスペインとの戦争を機に、アメリカの理想主義(共和制的なデモクラシー)は、はっきりと帝国主義へと転換したと見ています。

戦争に勝利したアメリカは、プエルト－リコ、グアム島や、フィリピン島を獲得し、キューバを保護国とすることに成功しました。以後、西部開拓のエネルギーはそのまま海を越え、世界各地へと拡大・膨張していくことになるのです。

しかし、決して、アメリカを駆動する原理が変わったわけではありません。そもそも、米西戦争自体が、「古いヨーロッパ」（スペイン）の圧制に虐げられているキューバを解放するという使命感から始められたものでした。つまり、この行動の背景には、デモクラシーの理想を地上に具現するという、アメリカだけが担うべき特別なミッション（使命）が意識されていたのです。

ヨーロッパの帝国主義は、植民地をつくろうとして、外部へと拡大していきました。一方、アメリカの膨張は、「植民地なき帝国」とでもいうような在り方です。それは、むしろ、自らの似姿に準えて世界を変えていこうとする、理想主義的な動きでもありました。

第二次世界大戦後の日本や韓国の占領統治は、まさにその手法によるものであり、挫折しましたが、イランのパフラヴィー国王時代の「白色革命」も、そのような理想主義を「移植」しようとする試みでした。イラク戦争[19]の際、アメリカが占領統治と民主化の成功例として日本に言及したのは、決してこじつけではありません。

もっとも、アメリカ内部でも、帝国主義的な動きに対するアンチテーゼが唱えられたことがありました。なかでも、一九世紀に、中南米各地の植民地でスペインからの独立が声高に叫ばれていた際、大陸内部のユートピアを唱道した、一国主義的なモンロー主義[20]は有名です。ただし、アメリカの帝国主義も、閉鎖的なモンロー主義も、多分に宗教的なエートスに支えられた理想主義であった点では共通しています。

現在のアメリカのように、理念的にグローバルな理想主義によって支えられているような国は、どこにも見当たりません。それは、自らをかつて歴史に存在したことのないような「自由の帝国」あるいは「デモクラシーの帝国」とみなす使命感に基づいており、一九世紀的な帝国主義とは似て非なるものです。

＊

一九〇一年、暗殺されたウィリアム・マッキンリーに代わり、セオドア・ルーズベルト[21]が第二六代大統領に就任します。彼は、二〇世紀のアメリカを語る際に、決して無視することのできない存在です。

その在任中に、アメリカは太平洋を渡り、東アジア世界に立ち現れました。折しも、一九〇五年に日露戦争が終結した時期で、程なく、日米間では「桂‐タフト協定[22]」が交わされることになります。この結果、アメリカによるフィリピン統治と、日本による韓国の保護・監督権は、相互に承認されました。

それから一〇〇年の時が過ぎた現在、「アメリカン・デモクラシーの敬虔なる使徒」たるジョージ・ブッシュは、偉大なる先達であるセオドア・ルーズベルトのことを、いたく尊敬しているという――歴史は自らの因果に巻き込まれて、思わぬくり返しを演じてしまうものなのでしょうか。

セオドア・ルーズベルトは、企業社会の拡大や労働組合の強大化に対処するため、介入主義的な政策を積極的に推し進めました。すなわち、対外的には砲弾外交をとる反面、国内では福祉国家的な政策を進めました。このような二重性をアメリカ的な理想主義が支えていたのです。国際連盟(23)を創設したのは事実上アメリカであったにもかかわらず、それから距離をおいたのもアメリカだったということを忘れてはなりません。

こうしたアメリカ政治の傾向性は、フランクリン・ルーズベルト(24)時代のニューディール政策(25)を経由して、さらに強化されることになります。

ちなみに、戦後の日本にとって、アメリカとは、このニューディール時代のアメリカを指していました。しかし、政府主導で国内の経済を活性化させるような政策も、じつは、戦時体制と密接にリンクしていたのです。

▼原理主義の戦争としての冷戦

宗教戦争のカオスを終結させるべく、ホッブズが生みだした、地上の絶対権力「リヴァイアサン」は、決して理想主義の産物ではありませんでした。むしろ、リヴァイアサンへのアンチテーゼとして、カント[26]的な永久平和論が構想されたと言ってもいいでしょう。本来、理想主義と呼べるのは、どちらかといえば後者のほうです。

ですから、カント的な世界平和をホッブズ的な力で具現化するような、アメリカ型の理想主義は、フランス革命の精神を専制的な軍事力でヨーロッパ全土に拡大しようとしたナポレオン[27]の存在を除けば、ヨーロッパ世界では想像すらできなかったはずです。

ウォーラーステイン[28]は、第一次世界大戦後のウィルソン[29]的な理想主義とレーニン主義の対立から冷戦は始まっている、と述べています。

彼の考え方を踏襲すると、冷戦とは、米ソ二国間の対立ではあったものの、一国の枠を超えた理想主義を、力によって実現しようとする、二つの原理主義的な角逐だった、という構図が見えてきます。しかし現実には、ソビエトの一国社会主義では、アメリカのグローバルな理想主義に対抗しきれませんでした。

冷戦崩壊以降、アメリカの単独行動主義が表面化してきたことは、決して不思議ではありません。それは、ソビエトという対抗軸の消失によって、建国以来の共和制デモクラシーの理念が帝国的に拡大したものと理解すべきです。

▼ベトナム戦争の挫折と、新保守主義の台頭

アメリカの限界は、冷戦終結前に早くも露呈しました。それは、ベトナム戦争[30]における挫折です。

ジョン・ダワー[31]の『人種偏見』で詳しく描かれていますが、東アジアにおけるアメリカの戦争には、多分に人種差別的な側面があります。例えば、日米戦争当時に制作された、フランク・キャプラ[32]の『汝の敵を知れ』という映画には、ステレオ・タイプ化、あるいは、戯画化された日本の姿がくり返し展開されています。こうした表象は、朝鮮戦争[33]やベトナム戦争の場合も同様でした。

朝鮮とベトナムの二つの戦争は、ともに、複数の国家間で争われた点や、それぞれ三〇〇万人以上が殺された戦禍の規模から、「準世界戦争」的な地域紛争でした。そして、多分に人種差別的な視線をもって開始された東アジアの戦争に、日米戦争を除いては、アメリカはついに

勝利を収めることができませんでした。特に、ベトナム戦争の失敗は深刻で、この挫折からどのように立ち直るかが、二〇世紀後半期の最大の課題となったのです。

一方で、ベトナム戦争は、ビル・クリントン(34)や、アル・ゴア(35)のような人々を輩出します。彼らは、ポスト・ベトナムの多元的なアメリカ像を青春期に享受し、その後、社会に登場してきた世代の代表と言えるでしょう。

＊

ベトナム戦争によるドル(巨額の軍事費)の垂れ流しを直接のきっかけとして、福祉国家政策は行き詰まり、アメリカは深刻な経済不況に陥りました。しかし、ニューディール型の福祉国家政策の破綻は、グローバル化による経済構造の激変にともなって、すでに準備されていたのです。

一九八〇年代になると、リバータリアン(36)的な「小さな政府」の構想が出現します。一部の公共機関を民間へ払い下げるなどして、行政をスリム化することを主唱したレーガン(37)政権への支持は、ポスト・ニューディール、および、ポスト・フォーディズム(大量生産－大量消費以後の経済システム)的な、新たな価値観をもとめる人々の、いわば、カウンター・レボリューションでもありました。

ちなみに、レーガンは、当時のソビエトを「悪の帝国」と呼んでいました。現在のブッシュにも繋がる、この正義と悪の二分法的なレトリックは、八〇年代のレーガン政権にまでさかのぼるわけです。新保守主義的な流れも急速に表面化し、ポール・ウォルフォウィッツ(38)をはじめとする、現在ネオコン(39)と呼ばれている人たちも、このころから政治の表舞台に登場してきました。

アメリカの八〇年代とは、ベトナム戦争の記憶を消すことに費やされた時代だったと言えるでしょう。それにともなって、ベビーブーマー世代を生みだしたリベラルなアメリカは、歴史の一エピソードとして終わろうとしています。

▼民主党と共和党

共和制原理への忠誠に関しては、民主党も共和党も、ほとんど差異がありません。

今後、アメリカで、民主党と共和党の政権交代があっても、対外的な政策が、多国間協調主義に重点をおくのか、それとも単独行動主義のままなのか、という違いがあるだけで、根本的な方向性は変わらないのではないかと考えています。

例えば、一九九〇年代の民主党のクリントン政権の際も、スーダン、アフガニスタン、コソボに対しては、共和党のブッシュ政権と同様に、空爆等の攻撃的な政策を取っています。一九九四年には、北朝鮮と戦争の一歩手前のところまで来ました。クリントンは、ブッシュと違って、単独行動主義的な有志連合を結成するまでのことはしませんでしたが、対外的な軍事行動の本質は、ほとんど同じです。

では、どこが違うのかというと、例えば、セクシャリティやジェンダー、あるいは家族などといった、いわゆる文化に関わる価値観の違いではないかと思います。

民主党は、そうした問題について、歴史的には「フランス革命的」な対応を選択してきました。すなわち、価値や文化、アイデンティティの問題に対して、国家をニュートラルな存在にし、その内側に私的で多元的な領域を可能な限り認めていくことをめざしたのです。それに対し、共和党は、福音主義的な原理主義の価値観を母体とした保守化の流れと、密接に結びついていきました。

そのような保守主義の復権の背後には、一九七〇年代の半ばに発刊されたダニエル・ベル[40]の『資本主義の文化的矛盾』が指摘しているように、アメリカの衰退はポストモダン的な文化の退廃によるものであるという議論があったと思います。さらに、アラン・ブルーム[41]の『アメリカン・マインドの終焉《しゅうえん》』が代表していたように、グローバル化による経済構造の激変で慢性的な不況に喘《あえ》いでいた社会で、文化的なアナーキーに対する苛立ちや困惑が一気に表面化しました。

▼文化戦争

この二大政党の対立は、ある意味、文化戦争と捉えることもできます。

サミュエル・ハンチントン(42)が「予言」した冷戦終結後の文明間の戦争は、一九六〇年代後半以降のアメリカ国内で、すでに始まっていたのです。

ハンチントンは、多文化主義はカルトだ、といみじくも言っています。彼はまた、マイノリティの存在がアメリカ社会を混乱に引きずり込んだ、とも述べました。これは、アメリカ的な建国の理想への危機意識の表れであり、アメリカのアイデンティティの揺らぎを、非常に深刻な事態として捉えていることの表明でもあります。

今後は、文化の多様性を可能な限り許容するような社会の在り方を模索すればいいのか、それとも、共和制的な愛国心に基づくアイデンティティを再構築していくべきなのか――。民主党と共和党の争いの本質はこの一点にあります。

しかし、アプローチの仕方に違いはあっても、建国原理としての共和制に立ち戻ることで、アメリカを再建しようとしている点では、両者の方向性は共通しています。

二〇〇四年の大統領選挙における投票行動を振り返ってみると、テロに狙われやすく、比較的ユダヤ系の住民が多い沿岸部（東海岸と西海岸）の大都市圏が民主党の支持基盤で、福音主義的な価値観が色濃い内陸部が、共和党の支持基盤となっていました。

この地政学的な分裂は、アメリカが、多様なもの、異質なものを、どれくらい抱え込めるかをめぐる抗争だったと捉えることも可能でしょう。

▼対テロ戦争

冷戦の時代は、ジョージ・ケナン(43)やヘンリー・キッシンジャー(44)に代表されるような、パワー・ポリティクスの手法が、アメリカの対外政治のメインでしたが、むしろこれは、一九世紀ヨーロッパの帝国主義に近いやり方だと思います。

世界革命を帝国の力で推進することを共通の目的としながら、理想主義とトロツキー(45)的な革命思想を結びつけ、それを単独行動主義的な力の論理で実現する、こうしたネオコンの政治手法は、ケナン的なリアリズムとは大きく異なります。私は、ネオコンの総帥たちのなかに、何人かのトロツキストが含まれることの意味は、意外に大きいと思います。もちろん、トロツキーの革命思想とネオコンの思想は別物ですが――。

＊

マイケル・ショワー(46)は『帝国の傲慢』のなかで、アメリカン・デモクラシーは、これまで、君主制、封建制、ファシズム、軍国主義、コミュニズム、等々、さまざまな敵を想定してきたと述べています。

しかし、九・一一(47)以降に開始されたテロリズムとの戦いには、潜在的に決着点がありません。さらに、ネオコンの主導により、この終わりなき「対テロ戦争」に突入したことで、アメリカは、建国以来の根本原理に関わる問題を背負い込んでしまったのです。

今回の敵は、ファシズムやコミュニズムとは違い、近代的な原理を根本的に否定するような「未知」の暴力であり、この状況は、力による理想主義に明確な限界が突きつけられた事態と理解することができます。イスラム原理主義による攻撃は、そのまま「アメリカとは何か」という、根源的な問いを突きつけることになったのです。

▼**全体主義**

現在の「対テロ戦争」を突っ走るアメリカの体制を、一九五〇年代のマッカーシズム(48)のニュー・バージョンと解釈することも可能でしょう。

社会主義の影響力が微弱な地域で、あれほど苛烈な赤狩りが横行したことは、ほとんど病的です。日本でも、戦前から戦後にかけて、継続的な左翼思想の弾圧が存在しましたが、それは、共産党の存在にそれなりの影響力を認めていたからです。

しかし、建国以来の流れを概観した限りでは、マッカーシズムを、決してアメリカ理想主義の埒外に追いやることはできません。

一九世紀に、トクヴィルが驚愕の眼で眺めた宗教的な原理が、今なお根底に流れているのだとすれば、アメリカ社会には、潜在的に、敵の存在を絶えずつくりだしていく回路が埋め込まれていることになります。当時、トクヴィルは、「全体主義」という言葉は使いませんでしたが、デモクラシーが多数者による専制支配へと繋がる可能性は、理解していたのではないかと思います。この可能性については、第三章でも述べてあります。

ちなみに、ナチスの時代にアメリカに亡命したマックス・ホルクハイマー(49)とテオドール・

W・アドルノ[50]も、アメリカでは、ヨーロッパとはまったく違った形でのファシズムが生まれやすい、という診断を下しています。また、歴史家であり外交官でもあったハーバート・ノーマン[51]が、マッカーシズムの時代に自殺をした際には、丸山眞男[52]が、もっとも民主的な社会で全体主義の病理が蔓延することに警鐘を鳴らしました。

その意味では、アフガン攻撃[53]やイラク戦争を主導したネオコンも、アメリカの理想主義が行き着いた必然的な帰結と理解してもいいように思います。

＊

このように考えると、民主主義とはいったい何なのか、ということについて考え込んでしまいます。

フランス革命を経た世界が脱却しようとしたのは、少数者による専制支配でした。しかし、民主主義がめざす人民（多数者）による政治は、見方を変えれば、マジョリティによるマイノリティの専制支配と背中合わせでもあります。

民主化の道のりの果てに、全体主義の悪夢が待ち受けている。

非常に戯画的な構図ですが、現在の世界を見ても、途上国や新興工業国家のなかに専制的な支配や独裁体制が温存されています。他方で、先進国と呼ばれている国家には草の根のファシズムの影が広がりつつあるようにも見えます。

そうした眼差しで、アメリカという国家が露呈しているものの意味について、私たちは、これまで以上に深刻に考える時期に来ているのです。

▼ドルの衰弱

アメリカを長年支えてきた、経済構造についても触れなければなりません。

第二次大戦が終結する間際、ケインズ[54]が構想した、国際的な通貨体制が編成されました。このブレトン・ウッズ体制[55]のもと、ＩＭＦ[56]、世界銀行[57]、国際貿易機構[58]といった中枢機関が創設されました。以来、金ドル本位制度という、ＵＳドルの信認に裏づけられた世界経済がスタートしました。

ＵＳドルを基軸通貨とし、状況に応じて、世界銀行をアメリカやヨーロッパが交互に抑えながら、世界の通貨貿易都市を支配していく――。

こうした秩序のなかで、アメリカのヘゲモニーは揺るぎないものとなったのです。しかし、現在、その経済構造は大きく変わろうとしています。

ネグリとハートは、ポスト・フォーディズム時代のアメリカの経済力は、金融工学的なテクノロジーや記号の操作によって生まれた「余剰」にシフトしつつあると述べています。すなわち、産業資本主義の労働力や生産性といった裏づけのない「虚構の経済」が、アメリカの膨張を支えているのです。

これは明らかに、産業構造の空洞化です。

言ってみれば、アメリカ経済の繁栄は、もはや、物質的な生産力の土台の上に成り立っているわけではないのです。そんななかで、今後、USドルの基軸通貨としての意味が、段階的に後退していくのではないか、と私は見ています。

同時に、アイゼンハワー大統領[59]が、一九六一年の辞任演説の際に警鐘を鳴らした、政・官・業の鉄の三角形――すなわち軍産複合体の問題は、半世紀の時を経て、誰の眼にも明らかなほどに肥大化しました。

今後は、この軍産複合体が、経済的な凋落《ちょうらく》を軍事力で糊塗するべく、アメリカの「ソビエト化」が進んでいく可能性もないとは言えません。

▼アメリカのローカル化

アメリカは、デモクラシーの福音をもたらすべく、二〇世紀以降は、「植民地なき帝国」として、海外へ進出していきました。

結果、二一世紀の現在、アメリカ的なるものは、政治、経済、文化等々、あらゆる空間を満たしています。ちなみに、ハリウッドに代表されるようなアメリカン・カルチャーは、文化帝国主義[60]論の枠組みで論じられることが多くなりました。

これは、アメリカが、単なる一国の枠を超え、いわば「普遍国家」としての相貌を帯びたことを意味します。しかし、アメリカ的なるものが拡散することで、逆に、アメリカがローカル化する可能性も高まったのではないでしょうか。

ベトナム戦争の際、ホー・チ・ミン[61]は、フランス革命の原理によってフランスに抵抗すると述べました。それと同じことが、アメリカにも言えると思います。長い目で見れば、アメリカは、「普通の国家」となっていくでしょう。その兆しは、すでに、イラク戦争の事実上の失敗によるアメリカの国際的信認の低下となって表れています。

善きにつけ悪しきにつけ、アメリカは、近代の実験場であり、また、絶えざる前衛国家でもありました。

しかし、それも今、終焉を迎えようとしているのではないでしょうか。そして、アメリカの行く末を占う声は、そのまま、近代がどのようになっていくのかという問いに重なります。ポストモダンとは、二〇〇年にわたるアメリカの「普遍国家」のプロジェクトが、終焉を迎えた時代のことを意味するのかもしれません。

今後は、大文字の近代（アメリカ）という普遍性が失われ、さまざまな小文字の近代が立ち現れてくるのかもしれませんし、まったく違ったパラダイムが形成されるかもしれません。いずれにせよ、今が、その分かれ目であることだけは確かです。

そこで、アメリカ独立革命とフランス革命の意味を、もう一度、考察してみる必要があると思います。というのも、近代の正統性（legitimacy）が、アメリカとフランスによって担われていることは、疑いようもないからです。じつは、個人的には、イラク戦争が起きる前から、フランスとアメリカの関係が、抜き差しならないものになることを予想していました。

イギリスは産業革命を実現しましたが、政治的には、ピューリタン革命(62)から王制復古へという具合に、非常に保守的かつ漸進的で、妥協的な歴史を歩んできました。それに対して、アメリカとフランスが創りだしたラディカルな政治原理は、近代世界に大きなインパクトを与えてきたのです。

私たちが生きる社会の、近代的な政治原理は、果たして、アメリカの命脈とともに尽きるのでしょうか。その耐用年数はどれくらいなのでしょうか。また、アメリカを超えるということは、いったいどういう意味なのでしょうか——。

今は何よりも、カタストロフを回避しながらアメリカをローカル化する方法を発見することから始めなければなりません。つまり、多極共存の世界のヴィジョンを探ることです。

◎「アメリカ」を読む

アレクシ・ド・トクヴィル『アメリカのデモクラシー』（第一巻の上・下、岩波文庫、松本礼二訳、二〇〇五年）

一七〇年も前に発表された本書は、もっとも優れたアメリカ論の古典として読み継がれてきた。著者は、『アンシァン・レジームと革命』などで有名なトクヴィルである。

本書が、生々しくも深い洞察に富んでいるのは、著者のアメリカ訪問の豊富な見聞と考察が活かされているからである。トクヴィルがアメリカに赴くことになったのは、法律家としての刑務所視察が主な目的だったが、やがてその歴史家としての眼差しは、新大陸に進行しつつある革命的な変化、すなわち民主革命の進行とその行く末に注がれていく。

冒頭に述べられているように、旧大陸のフランス人の目から見たとき、新大陸アメリカに圧倒的な勢いで進みつつある「新奇な」現象は、「境遇の平等」という形でのデモクラシーの拡大であった。

この現象に新鮮な驚きを感じたトクヴィルは、それが、アメリカ社会の公共精神を方向づけ、法律に一定の傾向を与え、治者に新しい準則を課すとともに、被治者に特有の習性をもたらすことになると見抜いていた。さらに、そのような「境遇の平等」が、市民社会をも動かし、そこに生きる人々の習慣や思想、習俗にまで深い影響を与えることになる事情を、トクヴィルは自らの見聞を交えながら生き生きと描き出している。

トクヴィルの見るところ、新世界アメリカは旧世界とは違って、デモクラシーの原理を自由に成長させ、その習俗と相まって、平穏のうちにデモクラシーを法制にまで展開しえた希な国家であった。旧世界のフランス人の目には、アメリカ的な「境遇の平等」によるデモクラシーが、早晩、旧大陸でも避けられない「普遍的な」趨勢となるのかどうかが問題だった。トクヴィルは、ただアメリカのデモクラシーを言祝《ことほ》いでいるだけではない。その影の部分に対する洞察、とくにアメリカのデモクラシーの「原罪」ともいうべき先住民のジェノサイドと人種差別問題への言及は、本書に深い陰影を与えている。

第二章　暴　力

▼暴力はどう語られているか

世界には、暴力が満ち溢れている。

これは、現在、多くの人が漠然と抱いている感覚でしょう。

近代以降、さまざまな対応策が試みられてきましたが、今もなお暴力は世界中に横溢し、それどころか、ますます広範囲に拡散しつつあるように感じられます。私たちは、この暴力のユビキタス（ubiquitous 遍在）化という現象を、どのように捉えたらいいのでしょうか。

まずは、これまでに暴力がどのように語られてきたのか、思いつくままに列挙することから始めましょう。

＊

第一に、人類学的な立場からの言説があります。マルセル・モース(1)をはじめとする人類学者たちは、未開社会をフィールド・ワークするうちに、共同体内部で発生する諸々の「過剰」（貧富の差、人間関係の矛盾、等々）が、祝祭や儀礼といった非日常の時間のなかで一気に「蕩尽《とうじん》」される仕組みを発見しました。それは時によって、共同体の成員である人間をも生贄《いけにえ》として殺傷するような、暴力的な相貌を呈することがあります。こうした深層構造を、現代のさまざまな事件や、戦争や死刑のような国家的暴力に当て嵌《あ》《は》めて分析するような言説が、一時期かなり流行しました。

もう一つは、精神分析学的な立場です。フロイト(2)の議論は、精神が内側に抱え込んだ心的外傷（暴力の痕跡）をいかに自覚化していくのか、というものでしたが、そこから敷衍して、文明社会が抱え込んでいる暴力が、個々人の内面にどのように刻印されているのかを考察する言説も、数多く生みだされました。

さらに、性差に基づいて暴力にアプローチするジェンダー論的な言説も、大きな潮流を形成しています。昨今のドメスティック・バイオレンスに関する議論なども、この一翼を担っていると言えるでしょう。

この他にも、暴力の問題を公共圏における対話や交渉によって解消する方法を模索した、ユルゲン・ハーバーマス(3)のコミュニケーション論もありますし、さらに、国際政治学の世界では、どうすれば暴力を縮小できるのかという問題意識から、非核化や軍縮などに関する提言が、日々発せられています。

このように、一言で暴力といっても、家庭内のもの、犯罪事件的なもの、国家的規模のものといった具合に、ミクロなレベルからマクロなレベルに至るまで、さまざまな言説が存在します。また、暴力そのものの定義やアプローチの仕方も、じつに多岐にわたっています。

▼暴力の三つの捉え方

近代社会が暴力の問題をいかに捉えてきたかを考える際、それらを大きく三つのパターンに分けることができます。

まず初めに、個々人がこの世界で暮らし、他者と関わる以上、決して避けることのできないものとして、暴力の存在を受け入れる立場があります。これは、人間にとって先験的なものとして、暴力を捉えようとする考え方です。

二つめは、その反対に、暴力を人間にとって非正常なものとして捉えようとする、理性主義的な立場です。イマヌエル・カントがその代表で、個々人の内側には、感性や悟性、あるいは、その行動を律する理性が一貫して存在しているという考え方です。ここでは、暴力はあくまでも、例外的な現象にすぎません。

最後に、暴力を聖なるものとして捉える立場もあります。暴力は非正常な存在ではあるけれど、そこには同時に、超越的な何かが備わっている、という考え方です。ルドルフ・オットー(4)

のような宗教学者が言う「ヌミノーゼ」（Numinose　聖なるもの）や、ジョルジュ・ソレル(5)の「革命的暴力」、さらに、ヴァルター・ベンヤミン(6)の「神的暴力」なども、それに連なる考え方と言えるでしょう。

▼先験的な暴力――暴力の捉え方①

暴力は人間社会に先験的に存在しているという第一番めの捉え方は、人間の存在自体に、ある種の暴力性が含まれている、ということを前提としています。このうち、もっとも悲観的な考え方は、ホルクハイマーとアドルノの共著『啓蒙の弁証法』のなかに登場します。彼らは、カント流の理性主義の背後にあるものとして、マルキ・ド・サド(7)に代表される性的暴力についての考察を試みました。そのうえで、ナチズムは大衆社会に内在する性的暴力の極限形態だったのではないか、との仮説を提示しています。

二人の説に基づくと、ナチズムは、啓蒙思想によって築かれた近代からの逸脱体では決してなく、むしろ、啓蒙そのものがその内側から生みだした野蛮な暴力の体制ということになります。ホルクハイマーとアドルノが、こうした悲観的な結論に至った背景には、明らかに『夜と霧(8)』に描かれたような、ホロコースト（holocaust　大虐殺）の惨劇が横たわっています。

＊

ミシェル・フーコー(9)の思想もまた、同様の系譜に位置づけることが可能です。彼はニーチェ(10)に倣《なら》い、人間存在や社会内部に宿るエネルギー（権力への意思）は善悪という基準では判断できない、との認識を有していたと思います。そして、刑務所をはじめとする諸々の施設から、身体に刻み込まれた所作に至る、一連の暴力的な事例を、力というニュートラルな概念で捉えようとしました。

そもそも、暴力というものは、それ自体を眺めるだけなら、単なる物理的な力と捉えることも可能です。近代社会は、そうした力を制度のなかに封じ込め、効率的に管理しています。ですから、システム内部に摩擦が生じたり、何かに抵抗したりするような際には、自覚的な暴力として表出せざるをえない部分もある、とフーコーは考えていたのではないでしょうか。

この視点に立てば、ある意味、暴力は、決してネガティブなだけの存在ではなくなります。

▼ホッブズ――先験的暴力論の起源

ホッブズもまた、ホルクハイマーやアドルノ、そしてフーコーと同じように、暴力を先験的なものと捉えていたのではないか、と考えます。

ホッブズは、「万人の万人に対する闘争」が全面化した状態を、「自然状態」と呼びました。さらに、彼は、コモンウェルス（commonwealth 国家）による秩序が確立される以前の闇の状態を「恐怖」という観点から捉えました。すなわち、暴力が人間を摑んだまま放さない恐怖に満ち満ちた自然状態から、いかに脱出できるのかという問題を、内在的に考察しようとしたのです。

ここには束の間、カント的な企みが、見え隠れしているようです。しかし、ホッブズは、カントのように、理性と暴力を二分法的に捉えていたわけではありません。むしろ、人間の核の部分には、恐怖の感情とともに、暴力の痕跡が刻み込まれていると考えていたのではないでしょうか。社会が完全に自然状態から脱却し、人々の利便性や合理性に基づいた関係性が、すべて暴力なき状況下で形成されているという認識は、ホッブズには、フィクションにほかならないと映ったはずです。暴力は、決して根絶されることなく、影のように、今もなお市民社会の背後に潜在していることになるのです。

ホッブズこそは、近代において初めて暴力を真正面から見つめ、さらには、暴力なき状態を真摯に構想した思想家でした。しかし、皮肉にもその思考の果てに、暴力の存在論的な不可避性がかえって明らかとなり、その問題をずっと抱え込んだ人でもありました。

▼アナーキズム

ホッブズに絡めて、若干触れておきたい話題があります。

それは、テロル（terror）の問題です。

文明社会において、ある政治的な意図をもって暴力が行使される場合、私たちはそれをテロルと捉えます。この認識の背景には、テロルは理性的ではない、非合理的な力の発動だという価値観があるのですが、先述の暴力の不可避性という前提に立てば、私たちの社会は、あらかじめテロルを生みだす温床を抱え込んでいることになります。突きつめて言えば、近代社会が続く限り、テロルがなくなることはないのです。

このテロルと密接な関係をもつ政治思想に、アナーキズム（anarchism 無政府主義）があります。一九世紀半ば、ミハイル・バクーニン(11)によって定式化された価値観であり、国家や社会、そして宗教といったすべての権力を否定し、個人の絶対的な自由を求めた思想です。

そうすると、ホッブズたちが暴力状態として捉えた文明以前の世界こそが、アナーキズムの立場ではもっとも理想的な社会ということになります。自然状態は暴力に満ちた暗黒の世界では決してないという認識が、この思想を支えていたのです。

アナーキズムの立場に立つと、諸々の制度こそが暴力とみなされます。なかでも国家は、最悪の暴力の体現者です。こうした抑圧的な制度が駆逐されれば、必然的に暴力は根絶される。そのためには暴力が必要である。こうした思考回路が、テロルを生みだす母体ともなっているのです。

私は、ホッブズ以来の、暴力の不可避性の問題を裏返すことで、アナーキズムという思想が捉えられるのではないか、と考えています。

▼悪を根絶するための暴力——暴力の捉え方②

次に、第二番めの、暴力は非正常な存在である、というカント的な捉え方について考えてみましょう。

近代という時代は、ア・プリオリな理性を発見した瞬間に始まった、とみなしてもいいでしょう。人間に宿る理性を基盤にすれば、非正常な暴力状態をいつかは克服できる、という考え方は、そのとき生まれました。

私たちは、現在、暴力なき状態こそが、あるべき姿だと信じています。だからこそ、暴力の完全なる排除を望ましく思うのです。このように、暴力の先験性を認めず、人間のなかに理性の優位を見出すような価値観が、近代社会では主流を占めています。これを、もっとも世俗化したものが、ヒューマニズムです。ヒューマニズムは、暴力に対するもっとも主要なアンチテーゼです。しかし逆に、この立場から、「暴力を否定するための暴力」という矛盾に満ちた行為が、正当化されてきた歴史も存在します。

カントは、人間社会は、過剰な暴力を否定しなければ存続しえないと考えました。そのうえで、暴力の問題を、善悪の判断という道徳律の問題として考察したのです。したがって、カント的なロジックやヒューマニズムの文脈では、暴力は、中立的な力の概念ではなく、初めから悪の問題となってしまいます。

ここでややこしいのは、悪としての暴力を否定するための暴力――それは具体的には、悪に対して法を執行するということになりますが――このロジックを、アメリカのネオコンが盛んに援用していることです。それは、カント的な理想を、ホッブズ的な絶対権力で実現しようとすることになります。

このように、時として、ヒューマニズムは、聖アウグスティヌス[12]以来の「正戦」と通奏低音を奏でながら、近代以降の「悪=暴力」を撲滅するための戦争をも肯定してきたのです。これは、ヒューマニズムが孕んでいる最大の逆説です。マックス・ウェーバーは、「暴力の福音」と「平和の福音」という言い方で、この問題について考察しています。

平和の福音をもたらすために、いわば必要悪としての暴力が行使される。現在の中東やバルカン半島の問題も、暴力の根絶が、いつの間にか善悪の問題に転換され、結果として、無制限の暴力が生みだされてしまったというパラドックスなのです。

ここで、マルティン・ハイデッガー[13]の「〈ヒューマニズム〉について」を思いだします。ドイツ語の原題は〈Über den《Humanismus》〉であり、直訳すると「ヒューマニズムを超えて」となります。ハイデッガーが何を言いたかったのか、その表題に表れています。

冒頭で述べたように、私たちは今、暴力の遍在化のなかで生きています。巨視的に眺めれば、イラク戦争やコソボ空爆[14]といった、近年の大規模な軍事行動は、ある面、ヒューマニズムのロジックが生みだしたカタストロフと捉えることも可能でしょう。それは、ヒューマニズムが孕む、矛盾に満ちた姿です。

▼神的なイメージに突き動かされた暴力——暴力の捉え方③

三番めは、暴力を聖なるものとみなす考え方です。

暴力を先験的なものと捉えるのでもなく、また、非正常なものと認識するのでもなく、むしろ積極的に肯定していくような立場です。言ってみれば、ある種の暴力礼賛にも通じる見方です。先のアナーキズムの項で触れたテロルにも、こうした暴力肯定的な側面が見受けられます。

二一世紀初頭の現在、暴力は、世界中に遍在していますが、一九世紀の終わりごろにも、ツァーリズム体制下[15]のロシアから亡命してきたバクーニンが中心となり、ヨーロッパ中でテロリズムが横行しました。

これは、現在のイスラム原理主義の一派によるテロリズムと、一脈通じる部分があります。それは、世界のただなかで追い詰められ、安息の土地を与えられていない弱者たちから、暴力が生みだされるという構造です。彼らにとって、テロリズムとは、社会変革のためのダイナモであり、革命的な暴力でした。

おそらく、一九世紀のアナーキストたちのなかには、あらかじめ神的な暴力のイメージがあり、その源泉を、すでに死んだ神ではなく、世俗的な神としての人民にもとめた結果、近代のテロルのシステムと、それを支える前衛思想が誕生したのだと思います。

革命党は、人民という聖なるものの代行機関であり、前衛である自分たちだけが、革命的暴力の主体として許容される。こうした考え方は、つい最近まで、左翼思想を継承する一部の人々によって実践されていました。

▼エロス

九・一一以降、二番めの「悪を根絶するための暴力」と、三番めの「神的なイメージに突き動かされた暴力」が、特に際立ってきたような印象を、私は抱いています。

その結果、暴力の横溢した世界というイメージが多くの人々に共有され、さらに、暴力から逃れることなどできないという価値観が、ますます説得力をもってきています。つまり、第一番めの「暴力の先験的な遍在」という見方を、今はもう否定しきれない状況になっているのではないでしょうか。

暴力というものを極小化し、さらに、できる限り暴力の介在しない関係性を作りだそうとする動きがありながら、その一方で、過剰な暴力が私たちの社会に横溢しています。こうした分裂状況は、近代社会が元来もっていたいくつかの問題性が、一挙に噴出していることの表れです。

このような近代社会の臨界点にあって、私たちはいったい、どのように暴力に対応したらよいのでしょうか。

まず、近代社会を創りだしてきたイデオローグたちの多くが、暴力の問題を深刻に捉え、簡単には解決できないものと認識していたように、私たちも、暴力の不可避性を、むしろ積極的に受け入れるべきだと思います。

それは、暴力を肯定するのか否定するのかといった、善悪の価値判断ではなく、また、暴力を崇高なものとして過剰に持ち上げるのでもありません。「受け入れる」ということについては、私自身は先述のフーコー的な暴力観が一つの突破口になるのではないかと感じています。

＊

フーコーは、人間の社会が暴力を、法や共同体の規範、信仰のなかに取り込むことで手懐《てなず》けようとするさまざまな権力のテクノロジーを問題にしました。

フーコーにとってはむき出しの暴力が問題ではなく、むしろそれを禁止し、暴力や欲望の領域から人間（自己＝主体）を切り離して、それを法や義務、真理や道徳の領域に置き換えていく巧妙な知と権力のテクノロジーが最大の問題だったのです。真と偽、善と悪、正常と異常、文明と野蛮、民主主義と独裁といった二分法の体系も、そのような知と権力のテクノロジーと繋がっています。

やや論理的に飛躍しているように思えるかもしれませんが、民主主義を実現するために独裁のような悪を殲滅《せんめつ》しなければならないという「正戦」論的な先制攻撃の擁護は、そうした問題系から発生しているとみなしてもいいのではないかと思います。

フーコーが考えた抵抗は、法や規範、宗教を通じて作動する知と権力の支配に抗《あらが》い、エロスに根拠をおいた新しい生存の技法としての倫理を確立することでした。

フーコーのいうエロス的な主体は、自己を「芸術作品」のように練り上げていく永遠の挑発者でもあります。もしこのような自己に準拠した主体の倫理を共存・共生関係《シンビオシス》へと繋がるような倫理にまで練り上げられれば、そこに抵抗と変革を志向する新たな共同の主体の倫理が形づくられてくるかもしれません。

▼親密圏

このようなエロス的主体の共生関係を、現在の社会や政治空間に移し変えると、昨今話題になっている、親密圏のコミュニケーションというものになるのではないかと思います。

親密圏は、近代的な公共圏とは違い、個人的な自己表出の場です。デジタル化された情報社会のなかにも、当然、親密圏は存在しますが、その範囲はあくまでもプライベートな領域に限られます。

しかし、この親密圏は、必ずしもタコツボ的な領域ではなく、部分的には公共圏と相補的な関係性を有しているのです。この親密圏と公共圏の往来をさらに豊かなものとし、先述の共存・共生関係をベースとした公共空間がふたたび編成されたならば、暴力や権力の問題に対する新たな局面が見えてくるかもしれません。

ネグリとハートのいう「マルチチュード」(multitude)も、エロス的なものや情動などの生産にかかる脱物質的な社会的コミュニケーションのグローバルな広がりと考えると、親密圏のコミュニケーションのもつ意味もより拡大してくるのではないでしょうか。帝国的な暴力に抗う選択肢がそこから見えてくるかもしれません。

マルチチュードとは、特異で、唯一無二の存在でありながら、ネットワーク状に結びついた多数多様体を意味しています。

そして、一つの概念に収まりきらない多様性を、ある種の可能性や力として自覚化していったとき、帝国的な権力に対抗しうるマルチチュードという存在が立ち上がってくる。これが、ネグリとハートのテーゼなのではないか、と私は考えます。

＊

ただし、道のりは困難に満ちています。

暴力の問題を政治的に考えていくと、「反秩序的なテロルをどこまで許容できるのか」という具合に、やはりどこかでヒューマニズムの罠に搦《から》めとられてしまう状況にあるからです。具体的には、ブッシュ的なロジックに顕著です。これは単純なようで意外と克服し難いテーマだ、と私は感じています。アメリカ合衆国が近代ヒューマニズムの鬼子だとしたら、暴力は、今後ますます遍在化の方向に向かっていくかもしれません。

現状の困難さは、同時に、私たちが属する親密圏こそが暴力にさらされていることを、何よりも雄弁に物語っています。

そうした現状を打破するためにも、親密圏という視座から、既存の制度や知の体系とは異質な動きを生みだしていかなければなりません。問題を完全に解き明かすことはできないかもしれませんが、少なくとも、暴力を偏在化させる関係性を、再構築する可能性は高まるはずです。

◎「暴力」を読む

マックス・ウェーバー『職業としての政治』
(脇圭平訳、岩波文庫、一九八〇年)

第一次大戦の敗北を経て、行き場を失った学生たちに向けられた講演録には、史上初の総力戦の爪痕が、端々に表れている。「すべての国家は暴力の上に基礎づけられている」というトロッキーからの引用が示唆するように、ウェーバーは、過剰殺戮時代の現実を見すえ、「暴力」を本質とする国家とそれをめぐる権力闘争に、政治の「宿命」を見ようとした。

しかし彼は、「暴力の福音」を無邪気に肯定する単純なリアリストではない。国家権力の配分と統制をめぐる闘争は、政治のアルファであり、オメガである。この現実ゆえに、それを厳しく律する倫理や、非暴力的な「反政治」の立場が存在する。革命の大義と暴力の陰惨さが同居するドストエフスキー的な「深淵」への洞察や、トルストイ的な非暴力の平和主義などに対するウェーバーの共感は、講演に並はずれた深みを与えている。

政治の底に暴力を見すえる冷徹なリアリズムと、それと原理的に対峙する平和の立場への相応の目配りが同居した本書は、暴力が蔓延する現代にこそ読み返されるべき古典である。

第三章　主権

国家、あるいは国民の問題について考える際、主権という概念を外すことはできません。しかし、その肝心なタームについて、政治学の世界では、これまで意外と議論されることがありませんでした。

▼主権の発見

＊

歴史的に見ると、近代的な主権概念の成立は、一六世紀から一七世紀にかけてのことです。この時期になって、主権は、決して部分に解消されない不可分の一体であり、絶対的であって、なおかつ超越的だという考え方が生まれました。では、なぜ主権というものが必要とされるようになったのか、あるいはヨーロッパの人々は、主権を通じていったい何を担保しようとしたのかを考えるとき、まず初めに、非常に矛盾に満ちた存在に突き当たることになります。

それは、君主です。

君主という一人の具体的な人間には、ある「聖なるもの」が宿っている。つまり、ある特定の個人だけが、物理的な身体をもちながらも、同時に、神的な属性を有しているという考え方が、ヨーロッパ中世から近世にかけて、王権神授説という形になって、次第に形成されていきました。

この王権神授説というドグマは、言ってみれば、領土やそこに居住しているすべての人民などといった、地上のあらゆる存在を、唯一の絶対者の所有物と見なす、という考えから発生したものです。

中世的な方法では、教皇権を除いて、すべての権力関係は相対的なものであり、俗世間には、絶対権力は存在しないことになっていました。教皇権は、俗世間の外側から、それらすべてを統括する上位概念として、西欧世界全体を包み込んでいたわけです。

王権神授説は、こうした中世的な権力構造から隔絶した、俗世間における絶対権力者（君主）の存在を正統化します。さらに、この「主権者」の誕生により、その所有物である領土や人民の間におけるいっさいの差異が消失してしまいました。ベネディクト・アンダーソン(1)的に言うと、「均質化された空間」において、君主以外を、すべて人民（臣民）とみなす状況が生まれたわけです。

このように、主権という概念は、近代のとば口に入りかけたとき、初めて見出されたのですが、私は、その発見がなければ、西欧社会は、近世社会のカオスを乗り越えることはできなかったのではないかと思います。

▼「世俗的な絶対性」の追求――宗教戦争から国民主権の誕生まで

中世から近世に移り変わる際、社会の相対的な権力関係から生まれてくる激しい内乱状態が発生しました。その一つが、ユグノー戦争(2)や三十年戦争(3)をはじめとする、新教徒と旧教徒間の宗教戦争です。

では、このカオスをどのように終息させたらいいのか――このことを、最初に考えたのは、ユグノー戦争期のフランスで活躍した、法学者のジャン・ボダン(4)です。

ボダンの『国家論』は、一定の秩序というものは、絶対的な主権者の暴力によって打ち立てられる、という考え方を初めて打ちだしました。このボダン的な発想をもっと世俗的な価値の上に位置づけたのが、かのトマス・ホッブズなのです。

＊

いうまでもなく、近代の主権概念や国家の問題は、ホッブズに始まります。彼は、主権概念を基軸にして人々が織り成す諸々の権力関係から、いかにして国家というものが構成されるのか、あるいは、構成されうるのかを考えました。

ちなみに、ホッブズの生き、思考した時代は、宗教戦争が激化した時期でもあります。新教徒と旧教徒のように、互いに絶対的な神をあがめる者同士の殺し合いを終息させるためには、もはやローマ・カトリック教会のような中世的な権威は当てにならず、必然的に、主権を、世俗的な権力の絶対者（君主）を通じて打ち立てる以外になかったのです。

彼は、そのためのレトリックとして、この内乱状態を自然状態というフィクションとして仮想してみせました。そこからどのようにして、国家というものが創られていくのか、それがなぜ主権者によって打ち立てられるのか、ということを、『リヴァイアサン』をはじめとする著作のなかで、論理的に構成しようとしたのです。

彼が打ち立てた主権概念は、絶対的で、不可分であり、いっさい他に譲渡できない、至高のものであるというものです。これは、非常に神学的です。ホッブズはここで、唯一の絶対者である君主をクローズアップすることで、内乱の時代を乗り越えようとしました。しかし、それはまだ不十分な発想でした。なぜなら、君主以外の国民という概念が未成立なままであったからです。

絶対者である一人の主権者（君主）の首を斬り落とし、主権を国民という共同体に転化させたとき、初めて、近代ナショナリズムという考えが成立します。神亡き後に、唯一の聖なるもの――わが国民、わが領土、そして国民主権が生みだされるのです。ボダン以降の「世俗的な絶対性」の追求というプロジェクトは、国民主権の誕生によって、ようやく完成します。

ナショナリズムの原型の誕生です。

寺山修司(5)の歌に「身捨つるほどの祖国はありや」というのがありますが、国民国家は、それこそ死をも動員できる共同体として成立するわけです。

多くの人民が、自らが帰属する絶対的な主権を体現している国家のために、命を捧げるようになる。しかし、それ以前、死というものは、あくまでも自分が仕えている具体的な人格をもった君主個人のためのものであり、共同体という抽象的なもののためにわが身を捨てるというのはありえないことでした。

▼ルソーの「一般意思」

自然状態のような、世俗権力同士の葛藤から離れ、自らの意思に基づいて共同体の秩序や在り方を決定する。このような考えを、政治思想の世界で最初に明らかにしたのは、ジャン＝ジャック・ルソーの「一般意思」でした。

ルソーは、一般意思には誤謬がない、と述べています。どういう意味かというと、政治が人民の意思を体現している限り、それがどのようなものであろうとも、国家そのものの在り方は絶対的に正しい、ということなのです。具体的な政策、一つ一つの正否は問題にはなりません。

その結果、バートランド・ラッセル(6)のような哲学者は、『西洋哲学史』で、全体主義の起源はルソーであると指摘しました。彼は、ルソーの「一般意思」の思想が全体主義に転化する潜在的な可能性を孕んでいるのではないか、と考えたわけです。そして、主権というものがある限り、その全体主義化をどのように防ぐのかという問題提起は、デモクラシーの議論と表裏一体なのです。

ちなみに、ネグリとハートは、『帝国』のなかで、その是非はともかく、デモクラシーに基づく新しい主権概念を打ち立てたのはアメリカ独立革命である、と独自のアメリカ論を展開しています。彼らによれば、アメリカン・デモクラシーは、(ルソー以後の)ヨーロッパにおける絶対主義的な主権概念とは違った理念やカテゴリーを確立した、というのです。それは、超越的な一者に集中している絶対権力としての主権ではなく、社会に内在している分散的なネットワーク型権力としての主権の概念にほかなりません。

▼内乱状態、例外状態

ルソーは、直接民主制を唱えた元祖でもあります。

では、彼がなぜ、直接民主制を唱えたのかというと、その背景には、主権というものは不可分なものである、という考えがあったからでしょう。ルソーは要するに、主権は絶対的であり、何者にも代表されえない、という立場に立っていたのです。

現在に暮らす私たちは、絶対的な主権者である国民の意思は、自分たちが選んだ議員のような存在に代表されうるという前提で、デモクラシーを考えています。そして、実際、そのような制度のもとで生きているわけです。

しかし、このような間接民主制に覆われた世界でも、ワイマール体制(7)下でナチス(8)が合法的に台頭したように、主権的な暴力が飛びだしてくる瞬間があります。いっさいの民主主義が停止するこの状態は、ある意味、ホッブズのいう「内乱状態」や、カール・シュミット(9)のいう「例外状態」とも重なります。

ボダンは、主権を創りだすのは神でもなければ自然法的な理念でもない、ほかならぬ実力である、と考えました。非常に味も素っ気もない言い方ですが、マックス・ウェーバーも、国家というものは要するに暴力の独占体だ、と述べている点において、ボダンに通じるところがあるわけです。

ホッブズは、至高の絶対権力としての暴力は内乱状態を終息させ、一定の秩序を法として創りあげることができる、という認識を示していました。要するに、国家をコモンウェルスという形で捉えていたわけです。主権が創りだす共有財産、ということです。

そうした認識は、ある面、ベンヤミンの暴力観に通じるところがあります。彼は、暴力の有り様を、法措定的な暴力と神的な暴力（革命的暴力）という具合に、二つに分けて議論していました。つまり、平時の国家権力を、法律や諸々の制度の形をとった法措定的暴力だとすれば、神的暴力が発動する瞬間は、危機であると同時に、ある種の革命的な状態を創りだすような両義性も有しています。

ちなみに、ベンヤミンやソレルの主旨を嚙み砕いていえば、この例外状態のただなかで革命が起きた瞬間、君主の身体や近代国家といった「主権の物象性」が解体される、ということなのです。シュミットが注目した、主権独裁のメカニズムも、じつは、こうした法措定的暴力の限界点と捉えることもできます。

いずれにせよ、こうした内乱状態や例外状態の存在は、現在の民主主義体制下で生きる私たちが、近代的な主権概念ができあがる過渡期に問題とされたホッブズ的な自然状態というものを、地上から完全には消し去っていないことの表れです。

▼国民国家の終焉

近代国家は、常にアナーキーな状態を恐れています。

これは、字義通りの「無政府主義的」という意味ではありません。主権的な国民国家は、潜在的に、ホッブズの言う自然状態を内部に抱え込んでいる、ということなのです。それは、普通の状態ではわかりませんが、シュミット的な例外状態になると、ぽっかり口を空けた仄暗《ほのぐら》い裂け目のなかから立ち上がってくるのです。

*

ネグリとハートは、先述の『帝国』と『マルチチュード』のなかで、帝国的主権対マルチチュードという図式を提示しています。

彼らによれば、帝国的主権はマルチチュードに寄生しています。にもかかわらず、それらは表向き、「国民」や「人民」といった一定の秩序のなかに封じ込められ、その上に主権国家が構成されている。ネグリとハートは、「国民主権」や「人民主権」のような概念を、国家権力を支える装置として批判しながら、その対抗概念としてマルチチュードを提示したのです。

ネグリとハートに依拠するわけではありませんが、グローバリズムの進展にともない、数百年におよぶ主権的な国民国家は、確実に限界に近づきつつあります。だからこそ、内乱状態というものが、現在、いろいろな形で噴出しているのです。ナショナル・アイデンティティ、あるいは、ナショナルな統一体としての主権国家というものが強く意識されるようになっているのも、おそらく、それと表裏一体です。

▼二〇世紀の戦争と社会の死

ホッブズ以後を生きる人たちは、内乱状態を終息させるために、「社会」というものを発見しました。

どういうことかというと、絶対君主のような存在を中心に据えるのではなく、自己調整機能をもつ「市場」をつくりだすなどして、アナーキーな混乱が表に飛びださないようにした、ということです。世界を、相対的な社会の側から秩序立てていく、とでも言ったらいいのでしょうか。例えば、一七世紀から一九世紀にかけての夜警国家(10)という概念は、主権国家による上からの作為的な秩序を最小限に抑え、社会が自発的に秩序を形成できるようにする、という発想から生まれたものです。

このような、社会の自己組織性を分析する学問は、一九世紀以降、社会科学として成立します。そして次第に、社会科学的な知は、国家から社会へとその問題の重点を移しました。例えば、社会主義という言葉には、文字通り、社会の側から国家へと範囲を広げ、包括的な秩序とは何かを考える、という意味が含まれています。

＊

それが反転したのが、二〇世紀前半の世界大戦期でした。

まず、なぜ、ナチスのような「国家社会主義」が成立しえたのか。それこそ、「国家」と「社会」という、対立する概念が結びつきうる状況とは、いかなるものなのか——それは、社会の側に、自発的な秩序形成の源を求めようとする考え方が、二〇世紀において臨界点に達したことの表れなのです。

第一次、第二次世界大戦の経験は、「社会」の限界を顕《あらわ》にし、もう一度、国民国家の主権を梃子《てこ》に国家が社会を丸ごと組織化することで、それを乗り越えようとする結果に結びつきました。近代の黎明期のように、国家に秩序形成の大きな拠りどころをもとめるような揺り返しが、ふたたびやってきたのです。第二次世界大戦終結から五〇年近くの間、戦後の秩序は、社会主義体制の国家であれ、アメリカ的なニューディール型の国家であれ、そうした路線の上に成り立ってきました。

しかし、主権的な国民国家は、ルソーの「一般意思」のように、絶えず全体主義化の種を内に秘めています。その芽は、第二次世界大戦の前後に一気に芽吹いたわけです。私たちは、それを、ある種の歴史の逸脱として教わってきたわけですが、国民国家が存在している限り、ふたたび全体主義のあだ花が開花する危険性は、永遠に消えることがありません。

▼帝国の行方

一九八〇年代から、グローバル化の進展にともなって、市場経済を基軸にしながら、社会の側から秩序形成をもとめていく動きが、ふたたび活発化します。その結果、主権国家としての国民国家の限界が、いよいよ明らかになってきました。これは同時に、ホッブズの時代の宗教戦争に近いイメージが、世界中に広がることを意味します。つまり、グローバル化時代は、世界的規模の内乱の時代でもあるのです。

ホッブズの時代は、一国単位の主権で、内戦的な混乱を終息させることが可能であるかのように考えられていました。しかし、二一世紀の世界的規模の内乱は、グローバルな主権が確立されていないがゆえに、いまだに解決が不可能な状況です。

果たして、そのような主権を誰が担うのか、それが問題です。

その課題を前に、ネグリとハートは「帝国」を描いてみせました。ちなみに、彼らが言う「帝国」は、アメリカ合衆国という超大国と必ずしもイコールではなく、アメリカを中心としながらも、世界的規模で広がるグローバル・ガバナンスの秩序形成のことを指しています。

今、私たちは、主権が国家の専有物ではないことを実感しつつあります。そして、次代の主権が、国家を超えた「帝国」の手に委ねられるのか、「帝国」をも超えた何らかの政治秩序に帰属するのかは、いまだ流動的です。あるいは、ある特定の国民国家が帝国化し、リヴァイアサンの役割を果たすようになるのか。それとも国際連合[11]がその代役をつとめるのでしょうか。

じつは、国際連合による世界平和を夢見たのは、シュミットの好敵手のハンス・ケルゼン[12]でした。

彼は、国民国家を超えたグローバル秩序を追求しましたが、暴力を手段とすることは考えていませんでした。あくまでも彼は、純粋法学的で、実定的な主権秩序のユートピアを構想し、国連システムにその夢を託したのです。

＊

いずれにせよ、今、なぜ、「帝国」なのか、また、国連なのかと問われる背景には、国民国家に代わる主権をいかに再構想するのかという課題が、いよいよ先延ばしにできなくなった事態があるのでしょう。それこそが、現在を生きる私たちが直面する、数々の問題の本質なのです。

◎「主権」を読む

トマス・ホッブズ『リヴァイアサン』（全四冊、水田洋訳、岩波文庫、一九五四〜八五年）

一七世紀の半ばに刊行された本書は、旧約聖書の神話的な怪物のイメージもあって、多くの人々を魅了し、想像力をかき立てる政治哲学や政治思想の古典とみなされてきた。背景にあるのは、宗教対立や政治的混乱のなかで産声をあげつつある、近代という時代の胎動である。ホッブズの意図は、そのような巨大な移行期にともなう血腥《ちなまぐさ》い殺戮と混乱を終息させ、秩序と平穏を回復することにあった。

出発点は、明快である。それは、心身の能力において平等な諸個人に自然権として与えられている、自己保存の権利である。人間に与えられた能力が平等で、しかもその自己保存の権利である生存権が、誰にも譲り渡すことのできない不可譲渡の権利であるとすれば、自然状態にあっては、万人は万人に対して闘争状態に陥らざるをえない。

この余りにも有名な自然状態を、ホッブズは、持ち前の物理学や幾何学の方法を駆使しながら、見事な「人間論」として展開していく。そこには、人間の能力や心理、欲望や観念についての包括的かつ詳細な科学的観察と分析が活かされている。
闘争状態としての自然状態の暗黒は、ある意味で当時のホッブズの時代を映し出していると も言えるが、彼は、そこから脱却するために、社会契約による主権の設定を提示している。こ の主権の絶対性によって、ホッブズは、その道筋を示そうとしたのである。本書の「コモンウ ェルス」に関する考察がそれに対応している。

もちろん、ホッブズが求めたのは、あくまでもキリスト教の「コモンウェルス」であったが、 彼自身は、無神論者というレッテルを張られる恐怖に怯《おび》えざるをえなかった。

ホッブズが本書で提示した主権概念は、その絶対性のゆえに、生存権を脅かす危険があった が、他方では、主権がその本来の目的と役割を果たさず、むしろ自己保存の権利を侵害したり すれば、服従義務が解除されて、生存権のための積極的な抵抗や消極的な逃亡も可能とした。 少なくともそのような読みが可能であったといえる。

今日、ネグリやハートたちが指摘するように、国家主権が限界に達し、新しいグローバルな 主権の設定が迫られているとすれば、私たちはふたたび、主権という新しい観念と制度の誕生 で揺れていた、一七世紀のホッブズの時代を振り返ってみる必要がある。『リヴァイアサン』 は、今後も主権の問題を考えるうえで、第一級の古典であるに違いない。

第四章　憲　法

▼憲法とは何か――権力者による力の行使を、どのように縛るのか

若干、教科書的な記述から入りたいと思います。

というのも、昨今、憲法に関するもっとも基本的な原則を、多くの政治家やジャーナリスト、さらには評論家までもが理解していないように感じられることが多いからです。

＊

そもそも憲法とは、権力者による力の行使を、どのように縛るのかを定めたものです。歴史的には、一七世紀ごろのヨーロッパで、近代国家概念の萌芽や、契約観念の発生にともなって出現しました。

まず最初に、国家の至高の権力（主権）が、何に由来するのかという問題について語られはじめました。そこで、ロバート・フィルマー(1)のような思想家たちによって、王権神授説という考え方が提示されます。簡単に言えば、「王の権力は神に保障されている」とする立場です。

それに対して、王の権力と神の関係を断ち切る考え方が出てきます。

主権を神学的な概念から世俗的な領域に移しかえ、その由来を「神」ではなく、人間（主

体）の作為的な所産に求めるようになったのです。後述しますが、ホッブズ、ロック、ルソーといった人たちが、こうした社会契約論の代表的論者とされています。

もっとも、ひとくちに憲法といっても、「成文憲法」と「不文憲法」の二種類が存在することにも、留意しなければなりません。多くのヨーロッパ諸国では、法律文として文書化された成文憲法が制定されていますが、例えば、イギリスには、慣習法《コモンロー》[2]の積み重ねによって成立している不文憲法の歴史があります。

いずれにしても、この一七世紀における権力の正統性をどのように担保するのかという議論が、近代憲法を成立させる契機になったことは確かですし、それは成文憲法も不文憲法も核の部分では共通しています。

国家の権力は、どのようなルールの下でのみ、行使されうるのか。

このルール（近代憲法）は、どのような手続きで改正しうるのか。

これらを観測定点にして、私たちが生きる日本の政治状況を見つめ直すと、どのような光景が広がってくるでしょうか。

▼国民の意思か、それとも憲法か──シュミットとケルゼン

太平洋戦争以前から現在に至るまで、文脈や形を変えながら、日本の憲法学の世界で継続的に交わされつづけている論争があります。

憲法の効力についての議論です。

その議論の元になった、二つの対立的な考え方を大まかに紹介します。

まず、憲法というものが、もっとも根本的なルールであることは、両者ともに認めています。次に、そのルールは、近代国家の主権者である国民の「共同の意思」が生みだしたもの、と仮定した場合、少々やっかいな問いが浮上してしまう。

その「共同の意思」とは、いったい何なのか──。

一つの考え方は、それは、憲法以前に存在する共同の意思である、とするものです。つまり、それは、憲法を制定した主体であり、逆に言えば、国民の意思は憲法によって規定されない、というロジックが析出されます。ここでは主に、憲法を創る主体が焦点となり、憲法学の世界では、憲法制定の主体の問題として捉えられています。便宜上、これを「意思説」と呼ぶことにしましょう。

それに対し、確かに憲法は、国民の意思に基づいて創造されるものの、憲法固有の法的な体系をより重要視する考え方があります。憲法は、政治的な意思やイデオロギーと切り離された独自の世界をもっているのだ、という、いわゆる「純粋法学」の立場です。

戦前のドイツでは、前者の立場にカール・シュミットが、後者にハンス・ケルゼンが立ち、両者間で、激しい論争が行われていました。日本の憲法学もその影響を受けました。

シュミット的な「意思説」の立場に立てば、常に、誰が憲法を制定するのか、が問題になります。

＊

例えば、日本においては、戦後一貫して「押しつけ憲法論」と呼ばれる、現行憲法批判が存在してきました。これは、第九条や前文などの中身に対する批判とは別種の、ある意味では根源的な問いでもあります。

それによれば、日本国憲法は、国民の政治的意思が確認されていない状況で成立した事実からしても不当であり、そもそも憲法の体をなしていない、ということになります。先ほどの「意思説」の立場でいえば、それは、憲法を制定する権力主体である国民の意思が具現化されていない、ということになる。現在も、現行の憲法には、主権者である国民の至高の意思が活かされていない、という意見はよく聞かれます。

初発の段階で政治的な意思が存在しなければ、憲法という独自の世界が創られることがないのも確かですが、しかし一旦制定された憲法は、それから切り離された独自のロジックをもっている、と考えることもできる。

こうしたケルゼンの純粋法学の考え方を導入した憲法学者たちが、戦後、日本国憲法を、政治的な意思とは切り離された固有の秩序として位置づけ、大きな潮流を形づくってきました。私も、約六〇年間にわたって存立してきた憲法であれば、そこには事実上の正統性が発生している、と考えてもいいと思います。

いずれにせよ、憲法学の世界では、主権者の政治的な意思こそが究極の根拠であるという立場と、憲法の内在的な独自性の論理を重んじる立場があるわけです。

▼日本国憲法を支える三原則――平和主義、国民主権、基本的人権

さらに、日本国憲法に関する、もっとも基本的な原則について考えなければなりません。

シュミットは、憲法には、それがなくなると憲法ではなくなってしまうような根本的な憲法

規範と、二次的な、事実上、法律に近い規範がある、と述べています。

私自身、シュミットがいう意味で、それがなくなってしまえば日本国憲法ではなくなってしまうような原則は、三つあると考えています。

それは、平和主義、国民主権、そして基本的人権です。

これらの変更は、根本規範自体が変わるということであり、部分修正という話では済まされません。三原則の改正を、例えば、環境権の設定や、プライバシーにかかわる新たな権利の設定などと同列に論じることはできないのです。

しかし、現状の改憲論議は、三つの根本規範の改正と、それ以外の法律的条項を変えることを混同し、進行しようとしています。

繰り返しますが、権力制定の主体としての国民の意思を確認できなかったことをもって、一旦できあがった日本国憲法を批判したところで、その独自の機能と正統性を否定することはできません。半世紀以上にわたり、日本国憲法の三つの根本規範を変える事態には至らなかったことの意味を考えてみるべきです。

憂慮すべきは、現在、これら三原則のうち、国民主権はおくとして、平和主義と基本的人権の二つが、非常にチープな概念として、少なからぬ人々の嘲りの対象となっていることです。

ちなみに、基本的人権という概念に関しては、それは憲法制定に先行する自然権[3]とみなす立場もありますが、意思説の立場に立った場合、それはあくまでも憲法制定を通して発生する概念とみなされ、不可侵の権利という意味は相対化されてしまいます。

▼憲法を現状に合わせる必要はない

改憲議論のなかには、憲法には実体的な価値がなければならない、とする意見があります。例えば、憲法の前文には国の伝統とか文化、愛国心などがないから、それらを書き込むべきだという議論がありますが、そもそも、憲法には、個別具体的な価値の実体に口を挟む義務などないのです。あくまでも、人民から権力を受託した側が、それを恣意的に行使できないように制約を課すものであって、その考えのもとに立憲主義[4]は成立しているのです。

諸個人の基本的な権利——すなわち基本的人権を、どのように保障し、守るのか。それを規定するのが、憲法の根本的な在り方なのです。どのような政治状況が現出しても、基本的人権にまつわる領域に国家権力の介入が行われないために、近代憲法は生みだされました。

しかし、現在の改憲論議のなかには、憲法の本来的な在り方とは、まったく逆さまな意見が存在しています。

それは、愛国心の奨励や靖国参拝に見られるような、政教分離の垣根を取り払おうとする議論など、国家による個別具体的な価値への介入を認め、それを憲法に謳おうという考えです。それを突き詰めていくと、極論すれば、祭政一致型の国家にならないとも限りません。それにもかかわらず、この点に関する議論がほとんどなされないことに、大きな違和感を覚えずにはいられません。

▼宗教戦争と政教分離——中性国家

丸山眞男は、シュミットを引きながら、近代国家はあくまでも中性国家だと指摘しています。すなわち、国家主権の基礎を宗教や道徳といった内的価値と切り離した、純粋に形式的な法機構の上に成り立つ国家、ということです。

なぜ、中性国家なのか。

それは、一七世紀から一八世紀にかけて、先述のホッブズ、ロック、ルソーといった啓蒙思想家たちがこぞって登場した、歴史的経緯を振り返ってみれば明白です。

彼らの思想は、未曾有の大量死を招いた宗教戦争の惨禍から、どのようにして公的なものと私的なものを切り離すのか、という問題意識から出発しているのです。つまり、宗教と国家がダイレクトに結びついた場合、どれほど悲惨な状況が生みだされるのか――ヨーロッパの社会がくぐり抜けてきた悲劇のなかから、彼らの考えが生まれ、近代憲法の誕生を準備したのです。

基本的なコンセプトは、宗教を私的な所信の領域に還元するということです。

それは、何を信じてもよいということであり、宗教の領域を、あくまで私的な空間に封じ込めるということです。その代わり、国家は具体的な信仰の内実から手を引く。そこから、政教分離という考え方が、初めて生まれたのです。

その考えが一番よく活かされているのは、やはりフランスです。アメリカも、最近では、キリスト教原理主義の政治への影響力が取り沙汰されたり、大統領が聖書に手をおいて宣誓を行うことなどがありますが、アメリカ合衆国憲法修正第一条に規定されている通り、厳しい線引きがなされています。近代国家の最も基本的な要件は、政教分離の考えから始まり、政治学もまた、そこから生まれるわけです。

＊

日本国憲法の第二〇条でも、政教分離（第三項）が明文化されています。同時に、信教の自由（第一項）も謳われている。思想・表現の自由、信教の自由、結社の自由といった考えは、その時代の国家と宗教を切り離し、政教分離を基本原則にするために生みだされたものです。

したがって、昨今、議論される機会が増えた欧米の自由論も、その根幹では、必然的に信仰の問題に繋がっていくのではないか、と私は考えます。何よりも、信教の自由という要石を得るために、ヨーロッパは何十年と続く宗教戦争を繰り返したわけですから。

こうした観点から眺めると、現在、盛り上がりを見せている改憲論議の最大の問題点は、祭政一致国家をめざそうという意思が、一部の層に存在することです。例えば、自由民主党が提示した新憲法草案では、憲法第二〇条第三項の政教分離の原則を緩めようという考えが明確に出てきています。これらは、近代国家を、さらには、近代憲法を創りだした歴史と原理を、まったく理解していない人々による主張です。

この動きを、単に、時代錯誤といって切り捨ててしまえばよいのでしょうか。私たちは、その意識の表出が何を意味しているのかを、もっと深く考えなくてはなりません。

その一助となるのが、丸山眞男の「超国家主義の論理と心理」(一九四六年)です。

いろいろな評価がある論稿ですが、彼が一番言いたかったことは、戦前の天皇制的な国体は中性国家ではなかった、ということなのです。

国家が、あらゆる価値の実体を専有する。諸個人は、遍《あまね》く天皇という存在に対峙《たいじ》させられ、いっさいの価値が、天皇との距離によって測られる。そうすると、その世界では、私的・公的といった領域は消失してしまいます。言わば、すべてが国家的な「公」になってしまい、信教の自由などという考えが入り込む余地など消失してしまいます。

現在の改憲論議においては、第九条をめぐる議論と同時に、この政教分離についての議論をより深めることが重要だと思います。

▼大日本帝国憲法下の天皇制――万世一系と王権神授説

戦後日本の知識人やパワー・エリートたちは、第二次世界大戦後の占領期を、大日本帝国憲法の部分修正によって乗り切れると考えていました。

なぜかというと、彼らは、大日本帝国憲法は立憲君主制[5]であり、天皇は国家の一機関、いわゆる天皇機関説[6]の上に成立していたと考えていたからです。神がかりな国体論にとり憑《つ》かれたものの、戦前のウルトラナショナリズムはあくまで突然変異であり、本来の立憲君主制に戻れば、天皇という機関は国家の外側に超然としていられるはずがない――こうした認識は、保守派だけではなく、リベラル派にも広く共有されていました。

明治期に一木喜徳郎[7]が唱えた天皇機関説は、日露戦争後に、弟子である美濃部達吉[8]によって継承されたのですが、後に国体に背くものとして攻撃されました。その美濃部も、戦後に、天皇機関説を採る立場から、新しくできたばかりの日本国憲法を批判していたほどです。

しかし、そもそも、大日本帝国憲法においては、主権の正統性は、万世一系である天皇に由来します。決して、憲法内部に正統性の根拠が存在しているわけではありません。言ってみれば、王権神授説と同じ構造なのです。主権は、無限に遡る時代から授けられていたものである、という理屈です。このことは、政教分離原則に照らすと、明らかに違反しています。

このように、大日本帝国憲法は、近代憲法では支えきれない原理を抱え込んでいる一方、読み方によっては、天皇機関説的な立憲君主制を標榜《ひょうぼう》している。この二つの矛盾する原理を内包した憲法を設計した者が、どちらにウェイトを置こうと考えていたかというと、私は、非常に曖昧だったのではないかと考えています。

▼祀る国は、戦争をする国——国柄について

その戦前の状態へ回帰しようというのが、自由民主党による新憲法案であり、それを延長していけば、復古主義としか言いようのない状況へと傾斜していくのは否めないでしょう。

子安宣邦(9)は、祀る国は、戦争をする国だと述べています。これを逆さまに考えてみたとき、

戦争する国家は、政教分離原則を緩めないと、戦争による死者たちを、どのようにして弔うかという問題をクリアすることができない、ということになる。

そこで感じるのは、やはり、憲法第二〇条第三項の政教分離と、第九条の平和主義は、セットになっているということです。第二〇条を改正することは、近代立憲主義を根底から否定する祭政一致型国家へと繋がり、第九条の第二項を変更することは、武力行使もやむをえない状況を生みだす可能性を高めます。

そもそも人権を守る国家は、政教分離なしには存在しえません。しかし、自由民主党による新憲法案には、平和主義と政教分離を規定している第九条、第二〇条の変更への意思が明らかにされています。最終案で「国柄」(national character)の言葉は削除されましたが、新憲法案が、戦前の「国体」を連想させるようなナショナル・アイデンティティを明示しようとしていることは間違いないと思います。

では、国柄あるいはナショナル・アイデンティティとはいったい何なのでしょうか。

それをもちだす論者は、常に、私たちには日本固有の文化があり、それを支える自然があり、伝統があり、歴史があり……という具合に、無数の羅列を重ねながら、国家が決して空虚な中性的なものでなく、透明でもなく、はるか昔から、実体的な価値をもった存在である、ということを強調します。そして最後には、それらすべては天皇によって象徴されている、となるわけです。そうした考え方は、和辻哲郎(10)をはじめとする論者たちによって、戦前から戦後にかけて、文化ナショナリズムという形でずっと唱えられてきました。

自民党の新憲法案は、そうした意識を上手くすくい上げていると言えるでしょう。それが何を言おうとしているのかというと、国家はニュートラルな存在ではなく、それ自体が諸価値の実体であり、しかも、最終的には天皇という象徴によって可視化されるということです。

さらに、前文において、日本の国際的な役割というものを、明文化しようとしています。その先に見えてくるものは、単に集団的自衛権を認めよという第九条に関する議論に止まらず、国家の根本原則を変えようとする意識です。いってみれば、それは、国体を復活させようという意図なのです。確かに、国体という言葉は出てこないものの、日本人としての自覚、ナショナル・アイデンティティの過剰な覚醒を意図しているようです。

▼不完全国家から完全国家へ

あるアメリカの学者は、戦後の日本は「不完全国家」であったと指摘しています。改憲は、日本を「不完全国家」から「完全国家」に作り替えてしまうことを意味しています。この「不完全国家」とは、どのような意味なのでしょうか。

国家の国家たる所以《ゆえん》の一つに、主権的な暴力をどのように行使し、また、統制するかという問題があります。日本は、軍事力をもちながらも、永年にわたってそこに箍《たが》をはめてきました。そのことを指して、一人前の国家ではない、と主張する人たちがいます。一人前ではないということは、つまり「不完全国家」であるということです。

戦後、確かに、実態としては、世界有数の装備と兵力をもった自衛隊という組織が存在していましたが、憲法によって強い制約を課すことで、「不完全国家」の道を選んできました。しかし、今、それを「完全国家」に変えていこうという流れが勢いを増しつつあります。それは、軍事力の行使、具体的には、戦闘行為への参加に繫がっていくはずです。

また、メディア規制の動きが強まりつつあることを見逃せません。

一見したところ、政教分離と直接的に関係ないように思われますが、構造的には繫がっています。表現やメディア、情報におけるさまざまな統制が進んでいけば、それだけ、個人の自由を束縛することに繫がっていきます。次第に、思想信条を自由に唱えることが困難になり、権力による思想統制へと向かうことになるでしょう。

世界の先進国において、日本のように、強大な軍事力を有しながら、その内部にまとまった巨《おお》きな情報機関をもっていない国は非常に珍しい。そして、基本的人権と平和主義の原則から、「不完全国家」であることをあえて選びつづけてきた――もっとも、選んだというよりも、結果的にそうせざるをえなかったのかもしれませんが、そのような「不完全国家」をあえて選択している憲法が半世紀以上にわたって国民に受け入れられてきたのです。

この状態から「完全国家」に脱却していく一つの道筋として、情報統制の進行と、対外的な軍事力の行使に関わる問題とが、リンクしているのです。

▼改憲論議と三度めの国民国家形成

なぜ今、改憲論議が隆盛なのかを考えるとき、私自身、あらためて重要に思えてくるのは、昭和天皇の一九四六年元旦の年頭詔書です。

私たちが天皇の「人間宣言」と呼んでいるものですが、ほとんどの人々は、これを、天皇が地上に降りることを宣言したもの、といった理解をしています。でも実際には、「朕《ちん》は人間なり」などとは一言も言っていないのです。興味深いことに、その発言は、五箇条のご誓文(11)への言及から始まっています。

私は、ここに戦後民主主義の出発点がある、と考えています。

それは結局、近代日本の草創期にもう一度立ち戻って、戦後国家はそこから再出発するのだ、という意思表明なのです。

武田泰淳[12]によれば、毛沢東[13]やエドガー・スノー[14]たちは、日本が敗北すれば、絶対に人民革命が起きると予測していたそうです。しかし、人民革命は起こらなかった。

それは、なぜなのか。

ジョン・ダワーは、次のように考えています。要するに、昭和天皇の一九四六年の年頭詔書は、ある種の予防革命措置だったのではないかというわけです。どういうことかというと、この時期に、戦前の旧体制側から先手を打ち、戦後国家の主導原理は、やはり天皇によって創られるのだということを、あらかじめ宣言させたのが、昭和天皇による「人間宣言」だったのではないか、ということです。

これは非常に重要な指摘です。日本国民は、その土壌の上にしか、民主主義を立ち上げることができなくなってしまいました。戦前と戦後の連続性の地下水脈は、このように初発の段階で守られ、六〇年過ぎた現在になって表面に現れてきたものが、戦後の「平和憲法」を否定する新憲法案ということなのではないでしょうか。

それは、奇妙な符合としても表れています。

＊

振り返ってみると、日本の近代国家の成立とその変化が、ちょうど七〇年ほどの間隔で起こったことに気づきます。

まずは、一八六〇年代から七〇年代にかけて、明治国家が形成されます。その体制は、一九三〇年代から四〇年代、いわゆる十五年戦争の時期に、ついに破綻します。そして現在、私たちが生きる時代は、そこで形成された第二次国民国家が終焉を迎え、次の、第三次国民国家が立ち上がってくる過渡期の段階なのかもしれません。

「戦後六〇年」という言い方はされますが、一〇年後、「戦後七〇年」という言い方はなくなっているでしょう。おそらく今が、戦後という時代区分の最後の時なのではないでしょうか。

巨視的に眺めれば、その底流には、七〇年周期で繰り返される国家形成にまつわる反復のリズムが存在するのかもしれません。第二次世界大戦後の戦後国家が、終焉に至ることを予見しているわけでは決してありませんが、一連の改憲論議を、「第三次国民国家の再定義」と捉える視点も可能であるように考えます。

◎「憲法」を読む

ルドルフ・フォン・イェーリング『権利のための闘争』
（村上淳一訳、岩波文庫、一九八二年）

憲法改正論議で不思議に思うのは、改正論者たちが異口同音に、現行憲法には日本国の伝統や歴史、そのユニークな文化に関する言及がなく、個人の権利ばかりが強調されていると非難していることである。これは、明らかに近代立憲主義の理念を曲解しているとしか言いようがない。つまり、国の最高法規である憲法には、国柄やその独自な価値に関する規定がなければならず、また何よりもまず、国民が遵守すべき義務や規制が盛り込まれなければならないというのである。

だが本来、近代的な立憲主義に基づくならば、憲法は国家にかかわる何らかの実体的な価値を含むわけではなく、またそのあるべき趣旨からすれば、憲法の目的は国民の信託に基づいて権力を行使する国家機関を制約することにある。この点で憲法改正論議は、本末転倒しているのである。

そう考えるとき、本書は、憲法の理念とその意義を考える上で示唆的である。なぜなら、

「闘争において汝の権利＝法を見出せ」というイェーリングのモットーは、憲法という制度によりかかるのではなく、不断に「法のために闘争」し、「権利のために闘争」する積極的な行動こそが、憲法の死活を決定することを意味しているからである。

本書の冒頭、イェーリングは、激越な調子で次のように宣言している。「権利＝法の目標は平和であり、そのための手段は闘争である。権利＝法が不法による侵害を予想してこれに対抗しなければならないかぎり――世界が滅びるまでその必要はなくならないのだが――権利＝法にとって闘争が不要になることはない」と。

イェーリングにとって、「権利のための闘争」は、倫理的な人格の自己主張であると同時に、「国家共同体に対する義務」でもあった。このことから、現行の日本国憲法には国民の権利の規定が多すぎ、義務の規定が少ない、という俗耳に入りやすい議論などはまったくナンセンスに違いない。「平和と享受は絶えざる刻苦の結果としてのみ可能」であるという言葉を重く受け止めたい。憲法について考える土台を提供してくれるハンディな古典である。

第五章　戦後民主主義

▼総力戦体制と、四番めの「戦後」民主主義

戦後民主主義という言葉が、いつごろ誰によって語られだしたのかは定かではありませんが、おそらく知識人の言説か、あるいは、メディアを通して登場してきたことは間違いないでしょう。

ここで注目したいのは、三谷太一郎(1)が指摘しているように、近代日本の民主主義はいずれも、日清戦争、日露戦争、第一次世界大戦、第二次世界大戦と、明治維新以後に経験した四つの戦争の後に形成されたという歴史的事実です。

つまり、日本における民主主義は、すべて「戦後」民主主義なのです。

その見方をふまえれば、私たちが生きている現在は、四番めの戦争（第二次世界大戦）の後の、四番めの民主主義の時代ということになります。この戦争と民主主義の周期的なサイクルを振り返ってみると、各々の時代のデモクラシーには、次の戦争に繋がる流れを勢いづけてきた負の側面があったことがわかるでしょう。

それでは、なぜ、民主主義と戦争が、コインの表裏の関係で結びついてきたのかというと、いわゆる総力戦体制の成立と密接な関係があることが、多くの論者によって指摘されています。

第二次世界大戦を頂点として、国家間で行われる近代の戦争は、国を挙げての総力戦へと徐々に変貌していきました。それは、日本やドイツ、イタリアのように、ファシズム体制が布かれた国家だけではなく、ソビエトのような社会主義圏や、イギリスやアメリカのような国も、決して例外ではありません。

総力戦体制下では、世界規模へと拡大した戦争を戦い抜くため、経済だけではなく、政治や思想上の動員が不可欠でした。これはある意味、「国民」を創出するために、産業を発達させ、社会を平準化していくという、近代民主主義が内包するプロジェクトの最終形態とも言えるでしょう。

戦争を通して「社会の平準化」は強化され、それに呼応して、後の時代の民主主義も一段階先に進んでいく。それが総力戦に近ければ近いほど、民主化の浸透度もさらに深まっていくというわけです。

＊

こうしたアンビバレントな事態は、多かれ少なかれ、西欧の民主国家も辿《たど》ってきた道のりですが、四つの戦争と四つの戦後を体験してきた日本が、他のどの国にも増して、戦争と民主主義の循環構造を、歴史に身をもって示してきたことは確かです。

▼敗北と配給――プロト（原基Ｉ）戦後

第四番めの戦争が、それ以前と決定的に異なっている点は何かというと、「敗北」という形で戦後を迎えたことです。

この結果、戦前と戦後の国家体制の断絶というテーマが、初めて大きく採り上げられるようになりました。

果たしてポジとしての戦後民主主義が、ネガとしての戦前的なるものとは違った国家体制を、どのようにして描いていけるのか。それこそが、第四番めの民主主義の黎明期における課題となっていくのですが、その背景にあったのは、言うまでもなく、まだ記憶に生々しい戦争体験だったのです。

一方で、戦後民主主義は、食料や燃料と同じように進駐軍によって「配給」されたものでもありました。ジョン・ダワーが『敗北を抱きしめて』で考察したところの「天下る民主主義」とは、まさにこのような状況を指しています。

そして、事実上、戦後の始まりの実態が日米合作であったことは否めません。それは、一九四六年の昭和天皇による年頭詔書に象徴的です。

巷間に流布している「天皇の人間宣言」という謳い文句とはまったく異なり、詔書には、戦後空間の内側に、いかにして戦前的なるものの楔《くさび》を打ち込むか、という旧体制側の意図が込められていました。

五箇条のご誓文への復帰を唱えた昭和天皇の発言は、焦土と化した日本の再出発に際し、自分たちが回帰すべき原点は第一次国民形成期である明治国家であることを指し示しています。多くの知識人たちは、「明治国家のやり直し」を謳ったこのメッセージに強いシンパシーを抱いたのではなかろうか、と私は見ています。

*

このように、敗戦直後からの数年間は、人々の行動にどのような意味や価値を付与すべきかが、いまだ明確に定まっていない期間でした。

戦前的なるものの裏返しとして戦後的なるものを構築しようとする動きと、戦前的なるものを温存しながら戦後的なるものを構築しようとする動きは、混沌状態のなかで、互いに激しく鬩《せめ》ぎ合っていました。だからこそ、この時期に顕在化した諸々の考え方には、非常に豊潤な可能性が宿っていました。

このような状況を「プロト戦後」と表すことができます。

直訳すれば、「原基‐戦後」という意味になりますが、六〇年にわたって続くことになる「戦後」のなかで、これほど不確定要素の多かった時期はなかったでしょうし、また、これほど多くのヴァリエーションをもった主張が出てきたこともありません。その後の日本が辿った道も、この時期の状況や対応次第で、今とはまったく違った形になっていたはずです。

こうしたプロト戦後の無定形な様相が一変したのは、終戦から三年後のことです。

一九四八年は、中国の内戦が最終局面を迎え、共産主義化の波が東アジア全域に拡大した年でもありました。さらに、東西冷戦が激化したこの時期から、アメリカによる日本の占領政策が大きく転換しはじめます。

それは、日々増大するアジアの共産主義勢力に対抗して、日本という国家を丸ごと、自由主義陣営護持の橋頭堡《きょうとうほ》とすることを意味しました。アメリカ政府は、GHQ(2)を通じて経済安定九原則(3)という財政方針を示し、日本の戦後復興を急ピッチで進めていきます。

いわゆる「逆コース」の始まりです。

これ以後、戦前の旧体制は、アメリカの対日占領政策と手を結ぶ形で、新たな連続性のなかで延命することになりました。ここにおいて、日米合作はより強化され、プロト戦後の壮大な実験もついに終わりの時を迎えるのです。

▼一国内民主主義――八月革命説

百家争鳴のプロト戦後において、相対的にメジャーになっていったのは、戦前的なるものから完全に離脱することで新たな民主主義を創出していこうとする価値観でした。

こうしたなか、憲法学者の宮澤俊義[4]は、日本における真の民主主義革命は一九四五年八月にポツダム宣言[5]を受諾したことであったとする、いわゆる、「八月革命説」を提唱しました。この考え方は丸山眞男など、当時のリベラル派知識人を中心に多大な影響を与え、以後、戦後民主主義を支える一つの重要なテーゼとなっていきます。

これに対して、八月革命はまったくの虚構だとする立場があります。論旨を要約すると、以下のようになります。

じつは、八月一五日のときでも、多くのリベラルな知識人は、戦後の体制は旧体制の部分的な修正になると思い込んでいました。しかし、日本国憲法のアウトラインが明確になってきた一九四六年の初めごろになると、多くの知識人たちの間では、「今、日本で起こっている事態は、占領革命なのではないか」といった共通理解が広がってきます。

このように、戦前的なるものと戦後的なるものの差異が意識され、大日本帝国憲法からの断絶が明確に意識されたのは、敗戦後、何ヶ月も経ってからのことなのに、八月革命説は、それをポツダム宣言受諾の瞬間に遡及《そきゅう》させることで、実際の歴史をフィクショナルに塗り替えてしまったというわけです。

過去を直視すれば、確かに八月革命説のほころびが明らかになります。例えば、治安維持法(6)違反で拘留された三木清(7)が獄中死するのは、一九四五年の九月のことです。戦前のファシズム体制の象徴でもあるこの法律は、終戦後もしばらくの間、効力を発揮していました。私自身、この八月革命に象徴される歴史観にこそ、戦後民主主義の問題点がある、と考えています。

＊

ドイツと日本の戦後民主主義は、これまで、占領政策とセットになっていた点から、常々比較されてきました。その際によく強調されてきたのが、日本は他の枢軸国とは異なり、分割占領統治ではなく間接占領統治だった、というロジックです。

ところが、実際には、沖縄では米軍による軍政が布かれていましたし、北方四島もソビエトの占領下にありました。厳密に言えば、日本の占領統治は、軍政支配と間接統治支配のミックスだったわけです。さらに、東アジアのレベルにまで視野を広げて、第二次世界大戦後の状況を眺めてみると、朝鮮半島の南側（韓国）では、沖縄と同じく軍政が布かれていました。

にもかかわらず、戦後民主主義は、日本一国、特に、本土の占領統治から発生した新しい時代であるかのように理解されてきました。だから、東北アジアにおける米軍による軍政という問題は、ほとんど視野に入っていませんでした。

▼見たくない現実

なぜ、日本の戦後民主主義が沖縄や朝鮮半島を疎外してきたのかというと、そこには、多くの人々が見たくない現実が存在していたからだと思います。

日本の戦後民主主義が生き延びていくためには、沖縄や、朝鮮半島の南側にある韓国のような「後背地」の存在は、絶対的に不可欠でした。これらの地域がなければ、戦後民主主義が六〇年間にわたって存続することは、決してできなかったでしょう。戦後民主主義は、東北アジア全域における占領政策という視点を抜きにしては、決して語れません。

一方では、憲法前文や第九条で謳われた、世界に向けた平和主義を保持しつつ、他方で、各地に米軍の基地を置き、朝鮮戦争の際には補給基地としての役割を担い、警察予備隊、保安隊、自衛隊と、段階を経て武装化の道を歩み、保守合同によって五五年体制を確立し、日米安全保障条約(8)を結ぶことで、自ら進んでアメリカの部分的な管理下に入っていった——。

こうした分裂は、冷戦の激化と朝鮮戦争を通じて、さらに深刻化していきます。

しかし、戦前の裏返しとしての平和主義という輝かしい理念と、吉田茂(9)的なリアリズムは、今から見ると、激しく対立しながらも、その実、相互補完関係にあったようにさえ映ります。痛切な戦争体験に裏づけられたプロト戦後の民主主義は、決して根絶やしにされたわけではありませんが、それが延命するためには、一国内の戦後民主主義にとどまらざるをえなかったのです。

私はそこに、戦後民主主義の強さと弱さ、そして、根本的な限界があったと考えています。

▼一億総中流化

戦後民主主義は、安保闘争をはじめとして、各種の市民運動や地域運動、さらには党派的な活動なども含め、さまざまな対抗勢力を生みだしてきました。

しかし、現実政治の中心には、常に五五年体制が居座りつづけ、さらに、一九五〇年代半ば以降、アンドリュー・ゴードン[10]が「高度成長としての戦後」と捉えた状況が到来します。すると、今度は、戦後の意味が、急速に変わりはじめます。すなわち、五五年体制と高度成長が結びついたことで、それまで戦後という言葉がもっていた革新的で進歩的なイメージが、体制的なるものの象徴へと変換してしまったのです。

それ以前にも、八月革命説批判をはじめとする戦後民主主義批判の流れは、保守的な知識層を中心に脈々と受け継がれてきました。

しかし、言葉自体がもつ根本的な意味が転換したことで、七〇年安保以降、特に学生運動に関わるようになった若者たちの間では、「保守としての戦後民主主義」を批判するような文脈が急速に形成されていきます。

造反有理のスローガンを掲げた左翼学生たちは、体制と戦後民主主義をほとんど同一視し、さらにそのこと自体が、七〇年代初頭のラディカリズムを支えていたとさえ言えるでしょう。丸山眞男が言う「永久革命としての（戦後）民主主義」という文脈は、すでに存在しないも同然でした。

しかし、戦後批判を一つの梃子にして成り立っていたラディカリズムの命脈も、連合赤軍事件[11]あたりをきっかけに潰《つい》えることになります。

その後、戦後民主主義は、高度成長との距離感や緊張感を失い、「生活保守主義」的な空気のなかに呑み込まれていきます。

＊

豊かさと結びついた総保守化の流れは、七〇年代の終わりごろからは「一億総中流化」として意識され、多くの知識人たちが、中間大衆論(12)を発表するようになりました。そうしたなかで、丸山眞男のようなプロト戦後出身の知識人は、少しずつ表舞台から姿を消し、論壇自体も社会への影響力を失っていきます。

ゴードンが言うように、七〇年代の後半から八〇年代にかけて知識人が経験したのは、戦後民主主義が崩れていく「目撃者」となることでした。ダワーも同様に、戦後民主主義が国民のプライドとプロト戦後の対立の狭間で力を失っていった状況に注目しています。

さらに、九〇年代以降、バブル経済の崩壊を経て、プロト戦後の理念は、ますます力を失っていきました。

▼永久革命

本来、さまざまなニュアンスを含み、あたかもキメラのような相貌をもっていた「戦後民主主義」という言葉も、現在では、事実上、死語になりかけていると言っても過言ではないでしょう。

戦後の日本は、荒廃した国土をいかに立て直し、ナショナル・アイデンティティを回復していけばよいのか、という課題から出発したとも言えます。反米自立への希求は、常に社会の裏側で蠢《うごめ》いていました。その意味では、もっとも輝かしかった時期の戦後民主主義も、じつは、ナショナリズムの屈折した噴出だった、と捉える見方も可能でしょう。

しかし、そうした潮流も、六〇年安保のころにピークを迎え、戦後民主主義の意味が変質する七〇年代には、ほとんど消えてしまったのではないかと考えられます。その後の「保守としての戦後民主主義」というイメージの定着は、日本が、戦力不保持を謳った平和憲法下の「不完全国家」から、憲法改正を通じて「普通の国」としての「完全国家」へと向かおうとする動きと、ちょうど呼応しています。

では、これほどまでに痩《や》せ衰えてしまった戦後民主主義を、ふたたび蘇生させることなどできるのでしょうか。あるいは、手遅れでないのだとするならば、果たして、どのような展望の下で、そのようなことが可能なのでしょうか。

私は、戦後民主主義の可能性を、今、ふたたび見つめ直すのであれば、まずは次のような懐疑から始めるべきだと思います。

果たして、戦後民主主義は、戦争体験を検証し、それを思想化することに、どこまで成功したのだろうか——。

なぜ、その地点に立ち戻るべきなのかというと、すでに述べてきたように、戦後民主主義のメイン・ストリームが、基本的には、日米合作による戦前の旧体制との連続性にあったと思うからです。その結果、戦後空間の裏側では、帝国意識のようなものが、常に、伏流水のように流れていたのではないでしょうか。

そうした図式は、「在日」の視点に立てばよく見えてきます。沖縄や朝鮮半島をはじめとする旧植民地支配の検証と、被害者への賠償、さらに、それらに付随する差別意識の解消に、戦後民主主義は、どこまで積極的に取り組んできたのか。

*

戦後民主主義は、好むと好まざるとにかかわらず、第二次世界大戦後の国際的な条件下で形成されたものです。

例えば、もし朝鮮戦争の際に韓国という国が消滅し、朝鮮半島のすべてが社会主義国家となっていたならば、戦後民主主義は、早々にその命脈が断たれていたと考えざるをえません。憲法第九条は改正されていたでしょうし、「完全国家」への脱皮を目論んだ法改正や、諸々の情報統制、さらに抑圧的な管理社会の到来など、さまざまな不測の事態が起きていた可能性があります。

そのように考えた上で、戦後民主主義を捉え直すとするならば、非常にラディカルな地平からの発想が必要となってきます。

四番めの戦後デモクラシーは、占領軍や周辺の国際環境によって与えられたものでした。しかし、一度手にしたデモクラシーを当時の人々が積極的に支えたとき、プロト戦後期のさまざまな可能性も、束の間、花開いたのです。

私たちが現在なすべきことは、「永久革命としての（戦後）民主主義」の力を、もう一度捉え直すことなのかもしれません。

◎「戦後民主主義」を読む

丸山眞男「超国家主義の論理と心理」
（『増補版　現代政治の思想と行動』未来社、一九六四年）

敗戦の翌年の五月、雑誌「世界」に発表された論稿である。アカデミズムとジャーナリズムの間に位置するような短い論稿であるが、戦後民主主義の思想のもっとも優れたマニフェストでもある。

戦後思想が、戦争体験の思想的な深化と普遍化にあったとすれば、戦後民主主義は、戦争体験をベースに、国家に内属すると考えられていた実体的な価値（真・善・美）を国家から奪還し、それを個々の国民の自由と創意の所産へと転換していく不断の「民主化」の営みを指していた。丸山が、民主主義を「永久革命」と呼んだ意味はそこにある。それは、憲法という制度によりかかる「民主主義」（democracy）ではなく、むしろ逆に不断に制度そのものを活性化させる「民主化」（democratization）を意味していた。

この「永久革命としての民主化」が可能なためには、国家は「中性国家」でなければならない。つまり、国家は、個々の実体的な価値にかかわる自由の領域に土足で足を踏み入れてはならないのだ。戦前の「国体」のように、国家そのものに先験的に価値が内属し、それが天皇によって体現されるとすれば、個々の国民の価値は、それとの距離によって測られることになる。

そうなればどうなるのか。個人のなかに倫理的な内面化の契機はいっさい保障されないまま、「国体」と個人の行動規範とが一体化することで、個人の自由にともなう責任の意識も消え失せてしまう。この無責任の体系こそ、究極的な価値の実体との遠近によって成り立つ位階的な秩序が払わなければならない代償であった。要するに、「国体」的な秩序は、「公」の観念も「私」の意識も曖昧なまま、それらが融通無碍に相互浸透し、総もたれ合いの緩やかな全体主義の支配秩序になったのである。

戦後民主主義は、そのような桎梏を打ち壊し、「自由な主体」としての国民による不断の「民主化」を通じて新たな「公共性」の構築をめざしたと言える。

さすがに、今日、「国体」の観念は消滅した。しかし、政教分離の曖昧化が浮上するなど、国家と価値をめぐる問題が問われているのである。まさしく戦後民主主義の屋台骨が問われているのだ。丸山のメッセージは色褪せてはいない。

第六章　歴史認識

▼ユートピアの終焉

　歴史が問題になるということは、いったいどのようなことなのか。この章では、そのことから考察してみたいと思います。

　まずは、一九世紀、国民国家の成立が他国より遅れたドイツで、実証主義的なランケ史学[1]が誕生し、国民国家形成の歴史を学知の問題として扱っていくような動きが立ち上がりました。その結果、空前の歴史ブームが巻き起こります。そのうねりはドイツ国内にとどまらず、同時代の世界各地に広がっていきました。日本でも、明治維新以降にそのランケ史学が近代史学として導入され、多くの歴史学者が、国民国家のナショナル・ヒストリーをさまざまな形で検討していくことになります。

　このように、ある種の歴史ブームにはいくつかの波があって、それが隆盛を迎える時期が必ず存在します。

　では、現在の日本で、あるいは中国や南北朝鮮で、さらに世界の至るところで、なぜ、歴史というものが問題化し、大きく採り上げられているのかというと、その裏に「ユートピアの終焉」という共通意識があるからではないか、と私は考えます。

すでに一九六〇年代には、ダニエル・ベルらによって、「イデオロギーの終焉」が唱えられはじめていました。さらに、ポストモダン思想の一部にも、同様の議論はありました。

しかし、過去の歴史をどのように見るのかという問題が、単なる個人評価のレベルを超え、国民や民族、あるいはエスニック・マイノリティのような各々の集合体にとって、ある特別な意味をもつまでになった背景には、やはり、九〇年代の冷戦の終結が大きく影響していると思われます。

*

現在と未来が、過去とは異質な時空間となりうる。そのようなユートピア思想が成立していた時代には、階級闘争のような、あるいは商品分析のような、歴史を創りだす内在的な法則や原理のほうに、むしろ議論の多くが割かれていました。

ところが、冷戦が終結し、プロレタリアートによる世界革命のような、ユートピア構想の破綻が誰の目にも明らかになったとき、各々の国家や民族の過去そのものが、アイデンティティの拠りどころとなっていったのです。すなわち、現在を出発点にするだけでは未来は考えられない――未来は過去の延長線上に創られていく以外にない、という時代のなかで、私たちは生きているわけです。

そして、危険な比喩ですが、ケシの実がアヘンの原料になるのと同じように、歴史というものは、今や否応もなく「政治化」し、各々のナショナル・アイデンティティにとって不可欠の要素となっています。

▼歴史相対主義

特に問題となっているのは、国民共同体の歴史についてです。

ヨーロッパで初めてそのことが問題化したのは、一九八〇年代のことでした。その時期、ドイツでいわゆる「歴史家論争[2]」が起こりました。

それまでは、「世界史」の存在そのものが疑われたことはありませんでした。しかし、実際のところ、さまざまな国民や民族、また少数者の集団は、それぞれの文脈や視点から編成した固有の歴史を有しています。そう考えてみると、ヘーゲル[3]が言うところの世界精神[4]や、マルクスの史的唯物論[5]のような、いわゆる普遍的な法則性の存在は、非常に疑わしいものになります。

そんななか、ドイツの歴史家であるエルンスト・ノルテ[6]によって、歴史相対主義が提唱されました。

彼の問いは、次のようなものでした。

いわく、ナチス・ドイツの歴史的犯罪は、スターリン(7)時代の大規模な粛清、あるいは、ポル・ポト派(8)のキリング・フィールドと比較したとき、どこがどのように違うのだろうか——このような問題設定から窺《うかが》えるエルンスト・ノルテの狙いは、ユダヤ人の大量虐殺のような大罪を、歴史のなかで相対化することにあったのでしょう。

第二次世界大戦後の世界において、ナチスを生みだしたドイツの負の歴史は、長い間、他のどのような歴史的犯罪と比べることも不可能な絶対悪とみなされていました。だからその歴史的意味を、他の国々や民族による犯罪的行為と比較しながら再検証することは、それだけで、ナチス・ドイツの惨劇を歴史の不名誉特別席からはずすことを意味します。

このように歴史相対主義の立場をとると、それがどれほど深刻な歴史であっても、「それは誰にとっての歴史なのか」という具合に、視座の中心軸を簡単に置き換えていくことが可能になってしまいます。その結果、自民族中心的な歴史の語りを招来することになるのです。

そして、この八〇年代の一風景も、決してドイツ特有のものではなく、やはり、同時期の世界における一般的な潮流でした。

もう一つ重要な点は、その歴史相対主義のなかから、さらにその「鬼子」のような歴史観が出てきたことです。すなわち、史料や事実関係のような客観的な材料をもとに歴史を捉えようとしても、厳密には検証が不可能です。それよりもまず、誰が何のために歴史を必要とし、どういう意図をもって修正しようとしているのか、という問いを打ち立てる。例えば、今、ドイツ国民がナチス・ドイツの歴史について再検証することに、どのような意味があるのか、等々。

こうした立場を、歴史修正主義と呼んでおきましょう。

＊

日本の場合、「新しい歴史教科書をつくる会(9)」の人々が唱える歴史観が、歴史相対主義や歴史修正主義の流れを踏襲しています。

最大の共通項は、来歴としてのナショナル・ヒストリーです。

人生に何らかの意味づけをしようとした場合、人々はライフ・ヒストリーを語ろうとします。つくる会の人たちは、それぞれの国にも来歴があり、それを語ることこそがナショナル・ヒストリーだ、と主張するのです。その歴史観は、各時代の史料や学的体系の集積の上に成り立っている歴史実証主義とは異なります。

来歴としてのナショナル・ヒストリーという歴史観の背景には、伝統のようなものさえ、発見され、創造され、構築されていくものである、というポストモダン的な認識があります。そうなると、もはや、歴史というものの意味や価値は、その主体である国家、国民、あるいは特定のエスニシティ集団のための歴史といったものに回収される以外になくなってしまいます。

例えば韓国の場合も、日本とまったく同じように、国民国家形成の起源を古代にまで遡り、そこから連綿と続く一つの民族史として、ナショナル・ヒストリーを紡ぎ上げています。その語り口《ナラティブ》は、古代史、中世史、近世史、近代史のいずれを扱ったときも、まったく同じです。

また中国にも、それに近い状況があると思います。多民族による帝国的な国家ではあっても、近代的なナショナリズムに裏づけられた国民国家形成への意思が一つの拠りどころとなり、中華人民共和国は成立したわけですから、やはり、ナショナル・ヒストリーの来歴というものが、歴史の中心的なテーマとならざるをえないのです。

ただし、近年、取り沙汰されている中国の反日的な愛国教育というものが、社会主義イデオロギーの後退とともに特に顕著になった、という見方は、必ずしも正しくはありません。なぜなら、中国における国民意識の形成は愛国的な抗日闘争と結びついているからです。

中国の近代史は、一九一九年の五・四運動[10]に始まったとも言われていますが、逆に言えば、それは、抗日という形で初めて、自らのナショナルな意識、あるいは中国という想像の共同体のイメージを共有していったことを意味しているのです。現在の中華人民共和国の人々が、一つの物語としてのネイションを構成する際に、抗日をベースにせざるをえないのも、そのためなのです。

▼歴史をめぐる闘争

このように考えると、社会主義的なイデオロギーを掲げている国家であれ、そうでない国家であれ、ユートピアの終焉以後、世界の至る場所で、自分たちのナショナル・アイデンティティを形づくるもっとも重要な素材として、過去の歴史がもちだされていることが、理解できると思います。

そこであらためて見えてくるのは、歴史というものが、じつは広い意味において、政治的な行為であるということです。

歴史を認識し、語るという行為には、実証的な歴史学のような単なる学知の領域とは違った別の相貌があります。つまり、ある集合体が自らの来歴を自覚し、己が何者であるのかということを共同体レベルで認識するためには、政治行為としての歴史の構成が必要となってくるのです。その限りにおいて、歴史認識の「正しさ」に絶対的な基準があるわけではありません。

だからこそ、個別の事実関係の確認は別にして、真理を価値基準としながら歴史を評価することは、非常に困難な試みとなるのです。

しかし、それにもかかわらず、私たちはなぜ、歴史社会的な認識をもつことができるのでしょうか。

ここで私は、ジャンバッティスタ・ヴィーコ(11)の言を思いだします。すなわち、人間は、人間が創ったものに関しては、ほぼ正確な認識が可能である――。

当然、歴史は、人間が創りだしたものです。私たちには、諸国民や諸民族が相互交流や対立、戦争、支配、服従などを通じて形成してきた過去があります。ヴィーコに倣えば、その枠内ならば、ある確からしい基準をもって歴史を認識することは可能ということになります。

歴史が国民史や民族史という形になることを問題視する現在の状況は、国家間や民族間のトランス・ナショナルな相互交流が、グローバルな規模で深まった結果とも言えます。移動が稀な時代には、歴史の問題はこうした形でクローズ・アップされることはありませんでした。

現在、起こっているのは、歴史をめぐるある種の闘争状態とさえ言えます。具体的な戦闘行為は行われてはいないものの、国家間でも、あるいは国家内部でも、歴史をめぐる戦闘が繰り広げられているのではないでしょうか。これは、日本、韓国、中国だけでなく、それ以外のさ

まざまな国々でも同様です。

いずれにせよ、有史以来これほどまでに、歴史というものが、亀裂と対立をもたらした時代はありません。ユートピアの終焉とグローバル化の進展にともなう世界的な相互依存の強化によって、歴史認識問題は、今後ますます喫緊の関心事にならざるをえないでしょう。

▼歴史への四つのスタンス

問題は、歴史認識をめぐる問題について、どのようなスタンスがあるのか、ということです。

＊

一つめは、マルクス主義的な歴史認識です。これは、第二次世界大戦後の日本において、一つの巨大なパラダイムとなりました。

しかし、その説得力は、現在、かなり衰退していると言わざるをえません。これは言うまでもなく、ユートピアの終焉が明らかとなり、もはや、過去とは違う異質な歴史へと繋がるという可能性が展望しにくくなった結果でしょう。

ただし、民族史や国民史ではなく、あくまでも歴史を総体として捉えようとする意思がある

かぎり、ヘーゲルに由来するマルクス主義的な歴史認識、すなわち「世界史へと連なる歴史」という考え方は、非常に重要です。

二つめは、前述の「世界史へと連なる歴史」の延長で、歴史を科学技術史として捉える見方です。オーギュスト・コント(12)がその代表的論者ですが、大まかに言って、科学技術の発展が人種や民族の垣根を超えて世界史を形づくっていく、というものです。この文明史的な歴史観もまた、ユートピア思想の一つの表れだったのかもしれません。現在、これもまた、懐疑にさらされています。

三つめは、一部の歴史学者や知識人が取り組んでいるように、ナショナル・ヒストリーや国民国家の虚構性を理論的に批判し、歴史認識問題の新たな展開の可能性を探るやり方です。マイノリティ、人種、ジェンダー等の問題も含みながら、国民国家を多様なアイデンティティへと解体していく作業は、特に一九八〇年代から、歴史認識を語る際の知的トレンドになりました。ポスト・コロニアル理論(13)や、セクシャリティに関する研究、また、カルチュラル・スタディーズ(14)のような潮流もその一環です。

しかし、私たちは依然として、ナショナル・ヒストリーの強い呪縛のなかで生きています。ナショナル・アイデンティティの虚構性を理論的に暴きだすだけでは、なぜ、国家なのか、民族なのかという謎を、完全には解き明かすことはできません。

四つめは、これまでいろいろと述べてきた歴史修正主義です。これは、歴史相対主義の極端な表れであり、ある種の不可知論的な立場です。価値相対主義を突き詰めていった結果、自国史としてのナショナル・ヒストリーに歴史の出発点と終局を求めていくという考え方が生まれました。日本では「新しい歴史教科書をつくる会」の主張がその典型です。

例えば、彼らの代表的な論者の『国民の歴史』を読むと、虚無主義とエスノセントリズム（自民族中心主義）が抱き合わせになっていることがわかります。これは、近代の行く末（ユートピア終焉の時代）に現れた、典型的な歴史認識です。それ故に、歴史修正主義は、単なる反動や復古主義というレッテルでは葬ることができない、たいへん深刻で重要な意味を私たちに突きつけています。

この歴史相対主義や歴史修正主義に違和感をもちながらも、可能な限り開かれたナショナル・ヒストリーを模索するという考え方もあります。ナショナリズムの肯定的な側面をできるだけすくい上げながら、他国と共生可能な、開かれた歴史認識を考えていこうとする立場です。

さらに、歴史は偶発的なものであり、歴史それ自体にはまったく意味がない、とする考え方もあります。

これも、歴史相対主義を突き詰めていった末に生まれたものです。

それでは、このように整理した上で、日本の戦後史についてあらためて考えてみましょう。

＊

▼戦後史

私自身、日本における戦後民主主義は、じつは、ナショナリズムの国民的な発露であったと考えています。ある意味、敗戦後に現れた民主主義、また平和主義といったものは、国民の歴史を再創造するための動きでもあったのです。

ドイツも敗戦をゼロ時刻と定め、そこから戦後というものを考えていきました。第二次世界大戦終結前後の時間には明らかな断絶があるという想定のもと、新しい国民の歴史を戦後民主主義に仮託して創り上げていった点で、ドイツと日本には、共通点もかなり多いと思います。しかし日本の場合は、結局、戦前からの連続性を濃厚に温存したまま、戦後の歴史は創られることになりました。

＊

一九四六年の昭和天皇の年頭詔書は、ナショナル・ヒストリーの来歴を明治国家にもとめ、そこから日本の歴史を始めることを目論んで発せられました。

すなわち、戦後民主主義は、明治のやり直し、あるいは、新たな次元における近代日本史の反復として理解されたのです。これによって、なぜ日本国民が敗戦を迎えるに至ったのか、そして、なぜ自分たちが現在のようなアイデンティティをもちながら生きているのか、ということを、人々に納得させるレトリックが形成されました。

さらに重要なのは、年頭詔書と同年の四六年に出版された歴史教科書の副読本『新しい日本の歴史』です。

この本は、九〇年代以降の日本の歴史修正主義が生みだした『国民の歴史』とは違った文脈で、新たな「国民の歴史」を再創造する一助となりました。そこに描かれていたのは、帝国史から一民族史へと劇的な転換を遂げた、「倹《つつま》しい」日本の自画像でした。

戦後の歴史をめぐる諸々の対立は、四六年の年頭詔書や『新しい日本の歴史』が用意した枠内で、具体的には保守と革新、あるいは改憲と護憲等の形をとって表出することになります。

つまり、これ以後、新たな国民の来歴であるところの八月一五日は、戦後民主主義の国民史の立場から眺めれば「新たな出発点」となり、保守陣営からすれば、加藤典洋[15]が言うような「汚れ」と映るわけです。

そして、その一つの重大な「汚れ」の表れが、東京裁判ということになります。

▼一九四五年

東京裁判[16]は、ニュルンベルク裁判[17]を模したものです。すなわち、「非人道的犯罪、および、平和に対する罪」についてナチス・ドイツを裁いたやり方を、東京で再演することが目的でした。

この裁判は、勝者による敗者の断罪という側面が批判されることが多いのですが、一番の問題は、判決文のなかで「戦争や人道に対する罪が、一貫した共同謀議のもとで計画され、実行された」と認定されている点です。

日本の場合、満州事変から一九四五年の敗戦まで、内閣は度々編成され、相当数の人員がファシズム体制に関わっています。A級戦犯[18]ですら、お互いをよく知らないまま法廷でいっしょに座っているといった有様でした。もしも、共同謀議を絶えず傍聴し、その前後関係を一貫して知悉《ちしつ》している人物がいるとすれば、ただ一人しか存在しません。

それは言うまでもなく、訴追を免れた人物です。

そうすると、ニュルンベルク裁判におけるナチス・ドイツ並みの共同謀議について問うことは、ナンセンスということになるのではないか、少なくとも、非常に苦しい法解釈をもちださざるをえないのではないか、と考えることは可能になります。

しかし現実には、ハーグ条約[19]に基づく不戦条約をさらに発展させたニュルンベルク裁判、および東京裁判において、「非人道的犯罪、および、平和に対する罪」という戦争犯罪のカテゴリーをつくって、遡及的に犯人探しを敢行した結果、日本の戦前の歩みが、すべて否定されてしまいました。それも、部分否定どころか、はっきりと白黒をつけられてしまったわけです。

＊

ただし、ドイツと日本の間には大きな差異が存在しています。

ナチス・ドイツが台頭したのは、第一次世界大戦の敗戦によってヴィルヘルム二世[20]の第二帝政が崩壊したときです。すなわちナチスは、世界でもっとも民主的な共和制憲法をもっていたワイマール体制の内部に寄生し、合法革命を通じて、最終的にはそれを食いつぶしてしまいました。ニュルンベルク裁判が対象としたのは、それ以後の体制による戦争犯罪でした。

ところが日本の場合、日清戦争から日中戦争、そして、太平洋戦争敗戦に至るまで、政府や軍部の中枢メンバーは目まぐるしく入れ替わったものの、体制としては連続しています。だからこそ、どこで問題が生じたのかという、困難な問いが設定されざるをえません。そして、それは、日本の歴史認識に多くの混乱を与えつづけています。

戦争犯罪に彩られた負の歴史は、近代日本史においてはむしろ例外であった、という歴史認識があります。その典型は、「司馬史観」です。

司馬遼太郎[21]は、日露戦争以後の四〇年間が、近代日本史における「鬼胎」——彼自身の言葉を使うと「異形の歴史」——であったとする逸脱説の立場を取っています。そのグロテスクな逸脱は、満州事変以後の一五年間にピークを迎えます。ちなみに、連合国軍側も、満州事変より少し前の一九二八年以後を「非人道的犯罪、および、平和に対する罪」の対象とし、東京裁判を結審します。

▼一九〇五年

ここで、現在、日韓で繰り広げられている歴史問題について眺めてみましょう。

じつは、韓国側の立場では、歴史認識に関する議論は、最低限でも、一九〇五年の桂－タフト協定および第二次日韓協約(22)（乙巳《ウルサ》保護条約）まで射程に入れるべきだ、という意見が多数を占めています。

ところが日本にとっては、この年は、日露戦争勝利という、列強の仲間入りを遂げた画期的な年として取り上げられることの多い年でもあります。つまり、軍事史、あるいは帝国史という形をとった日本のナショナル・ヒストリーにおいては、むしろ、この事件こそが、近代国家形成期の中心点なのです。

＊

二〇〇五年は日露戦争百周年ということで、世界的に日露戦争をどのように捉えるかが議論された年でした。

あらためて、この戦争が終結した際に結ばれたポーツマス条約(23)の条文を読み返してみると、日本側の全権大使・小村寿太郎《こむらじゅたろう》(24)がロシア側に突きつけた要求項目の第一番めが、「朝鮮半島に関する自由な処遇の権利」となっています。朝鮮民族による自由な領有権ではなく、日本による自由な処遇です。

したがって、日露戦争の最大のテーマは、やはり、朝鮮半島の支配にあったと考えなければなりません。こうしてみると、韓国側の歴史認識が、日本と決定的なところですれ違ってしまわざるをえないことも理解できるでしょう。その溝はあまりにも深く、今もなお埋められることはありません。

それは、東京裁判の際に植民地の問題を俎上《そじょう》に載せることができなかったことにも、大きく起因しています。現在もその状況はあまり変わらず、帝国主義国家による植民地支配については、世界的にみても歴史的な判断はいまだに下りていません。

このように、日本と朝鮮半島の関係において、互いの歴史認識をめぐる齟齬《そご》は、理論的にも非常に深刻です。

今述べたように、近代史の始まりの時点ですでに大きくかけ離れてしまった両者の歴史認識を、今後、どのように考えていけばいいのか。これは、互いのナショナル・ヒストリーを摺り合わせていくというレベルの「開かれたナショナル・ヒストリー」では、おそらく解決不可能な問題ではないか、と私は考えています。

▼歴史の真相

意識のすれ違いに向き合うためには、次の二点について、しっかりと考えていかなければなりません。

一つは、戦争や支配の陰惨な歴史をふまえながらも、その大切な隣人との関係性を未来に向けてどのように構築していくべきか、という、大きな政治構想をもつこと。もう一つは、ナショナル・ヒストリーに回収しきれない内部の矛盾やさまざまな相克を、相互に認識し合う努力をしていくこと。

ここにこそ、解決の可能性が宿っているのです。

*

その点から考えると、現在、韓国政府が主導的に進めている、対日協力をはじめとする過去の歴史を解明する動きは、一つの突破口になるかもしれません。

韓国の近代化を主導した朴正熙《パクチョンヒ》元大統領をはじめとする主立ったパワー・エリートたちが、奉天軍官学校や満州軍官学校出身の満州人脈であったことなどは、韓国におよぼした満州の、そして「日帝」の影響の大きさを物語っています。解放後の韓国は、その歴史的な正統性という点で、大きな問題をかかえていたわけです。「われわれは墓の上に立っている」（韓洪九《ハンホング》『韓国現代史』）という意識は、民主化とともにより拡大し、過去の歴史の清算という問題がクローズアップされるようになったのです。

もちろん、個別的にみれば、「親日」派といってもまちまちで、植民地支配のなかで仕方なく「親日」をした人々が多数いるはずです。しかし、重要なことは、解放後の韓国の歴史が、「親日」派と軍国主義者の野合の歴史であったということです。

確かに歴史の清算にはさまざまな政治の思惑や力学が働いています。それでも、民主化された韓国は、「墓の上に立っている」自分たちの歴史に一つのけじめをつけようとしているのです。敗戦そして解放から六〇年、結局、日本も韓国も過去を清算してこなかったことが明らかになりました。

過去の清算などできるはずがない。

最初からそんなふうに諦めずに、「死んでいない過去」と真摯に向き合うことが必要ではないでしょうか。その点でさまざまな混乱や偏りがあるとはいえ、韓国の取り組みに期待したいのです。

具体的には、一九四八年の済州島《チェジュド》四・三事件(25)や、朝鮮戦争期におけるさまざまな問題、さらには一九八〇年に起きた光州《クアンジュ》民主化闘争(26)などが取り上げられ、再検証されています。ナショナル・ヒストリー内部に存在するこうした抜き差しならない相克に、韓国民は真剣に取り組んでいるのですが、それは、ある局面では、ナショナルな統一体に致命傷を与えかねない、命がけの荒療治とも言えるのです。なぜなら一言で「支配される側」といっても、植民地主義への協力を行った者とそうでない者との間には、埋めることのできない大きな溝が存在するからです。

さらに、自民族に対する虐殺や内戦といった、ナショナル・アイデンティティに深い亀裂を生じさせた諸々の相克や対立を見つめ直すことで、そもそも歴史の真相というものが究明できるのかどうか。

これはある意味、非常に危うい実験でもあるわけです。

いずれにせよ、政治と歴史の関係を、その危うさを認めたうえでつくり直すべき時期が来ています。歴史認識問題というものは、個別の事実関係は別にして、狭い学知の世界ではもはや解決不可能です。結局、政治を通じて生じた問題には、政治を通じて取り組んでいく以外にないのです。

現在の韓国は曲折や混乱をともないながらも、その方向に向かっており、今後は、「歴史の内戦」がますます激化する可能性が高いでしょう。

例えば、南北分断のなかで、金日成《キムイルソン》(27)という存在をどう捉えるのか、また朝鮮戦争をどうみなすのか、朝鮮民主主義人民共和国の成立をどう評価するのか、ということは、たいへん深刻な問題とみなさざるをえません。

そういった韓国史内部の内戦状況に対する一つの対応が、「親日真相究明法(28)」という具体的な政治の形になって現れ、その一環で、日韓関係の見直しがなされている。そのように、私たちは考えるべきでしょう。

ただし、その試みが成功するのかどうか、予断を許しません。

日本では、植民地の支配をアジア解放への礎《いしずえ》とみなすような歴史観が、大手を振っています。特に冷戦終結後の九〇年代以降、「新しい歴史教科書をつくる会」に代表される歴史修正主義の勢いが強まり、一五年戦争を解放戦争と捉えるような国民史が新たに語られるようになりました。

こうした状況を考えるにつけ、歴史認識に関する混乱というものは、一刀両断というわけにはいかないことを思い知らされます。しかし、自民族中心的な考え方では決して出口に辿り着けません。それだけは、確かなことです。

▼歴史認識問題から歴史問題へ

冷戦がもたらした数々の矛盾の集約点であった朝鮮半島は、その分裂の苛烈さ故《ゆえ》に、単一の歴史認識をつくりえませんでした。

しかし今後、その朝鮮半島が分断を克服する過程で、果たして一体化したナショナル・ヒストリーを創造することができるのかどうか。韓国社会が、いわば内戦的な歴史論争に突入したのも、ある意味、そのための準備期間と捉えることも可能でしょう。

それでは、日本の場合はどうなのか。

戦後、日本には、韓国のような苛烈な歴史論争は表向きなかったにせよ、講座派マルクス主義(29)の「戦後とは戦前の裏返しである」というような歴史観に対して、それとはまったく逆の見方も存在し、両者は長年、潜在的には拮抗してきました。

しかし今、アジア諸国の反日に対抗する形で立ち上がっている諸々の言説は、じつは日本国内における歴史論争の終焉を意味しているのではないか、と私は考えています。つまり、反日が歴史認識を語る際のキーワードになったということは、逆に言えば、日本国内における歴史論争がほとんど封じ込められてしまったことの一つの表れではないでしょうか。

戦後の日本で、国民のなかの内戦的な歴史論争に代わって激しい対立の争点となったのは、憲法をめぐる論争でした。それは、ある意味、歴史論争の代替的な役割を果たしてきたのです。

*

私自身、この歴史認識問題は、日本、朝鮮半島、中国など、東アジアにおける一〇〇年分の宿題が、二一世紀になって一気に登場してきたものと理解しています。そして、これは単なる歴史学という学知に止まらない政治的な課題でもあるのです。

したがって、歴史認識という言葉自体に、私は違和感があります。やはりこれは「歴史問題」と捉えたほうがいいでしょう。それは、歴史学の学問的な認識の次元だけでなく、当該社会の政治的な成熟度が、もっとも試される問題だからです。

◎「歴史認識」を読む

テッサ・モーリス－スズキ『過去は死なない』（田代泰子訳、岩波書店、二〇〇四年）

電子メディアのグローバルな拡大とともに、歴史の忘却、あるいは歴史意識の喪失が急激な勢いで進む一方、歴史は、個人や家族のみならず、民族や国民の集合的アイデンティティの拠り所となり、その対立をめぐって国内外での確執が高まりつつある。過去の記憶やコメモレーションと歴史の関係について語ることはきわめて困難な状況だ。本書は、この困難を引き受け、歴史の「真実」や、過去の表現の「真実」よりも、むしろ人々が過去の意味を創造するプロセスの「真摯さ」（truthfulness）に光を当てた希有な論考である。

著者は、小説、写真、映画、博物館、史跡など、多くのメディアを取り上げ、それらが同時代の歴史想像力に与えた影響を、批判的な想像力を駆使しながら読み解いていく。明晰な問題意識と方法的な態度、さらに該博な知識が結実した本書は、歴史認識に関する第一級の学問的な地位を占めている。メディア論や表象分析に止まらず、それらを支える社会的・経済的な制度や様式を包括した複眼的な視座を提示している点でも、読み応えのある作品である。

第七章　東北アジア

▼ユーラシア大陸における東北アジア

東北アジアという呼称については、まだ耳慣れない人も多いでしょう。それは、地理的には、日本、南北両朝鮮、中国、ロシア極東部、モンゴル、そして台湾を含めた広大な地域のことを指し示しています。

さらに、東北アジアという呼称からは少々違和感があるかもしれませんが、ここにアメリカという国も含めて捉えるべきです。なぜならアメリカは太平洋国家として、戦後、この地域に絶大な影響力をもってきたからです。

こうして見ると、この地域が、日本、中国、ロシア、アメリカという世界の四大国が地政学的にひしめき合っているという、非常に特異な状況におかれていることがよくわかると思います。しかも、巨大国家群に四方を囲まれ、さながらゴリアテに対峙するダビデのような体の韓国でさえ、年間貿易規模では世界一一位ほどの経済大国なのです。

これらの領域を一括りに捉える見方は、まだなじみがないかもしれません。しかし、二〇〇五年九月一九日、北朝鮮の核廃棄を明記した共同声明を発表するに至った六者協議(1)の成功とともに、この地域は、ますます大きな意味をもちはじめています。

なぜ、今、東北アジアなのか。また、どうして、東アジア共同体構想のようなものが唱えられるようになったのか。

このことについて考えるためには、少し巨視的な眼差しが必要になってきます。

＊

一九六〇年代に、梅棹忠夫(2)の『文明の生態史観』が出版されました。本書は、ユーラシア大陸が辿った歴史を、次のように概観しています。

まず、ブリテン島を含めた西ヨーロッパに、近代的な国家が誕生します。さらに明治維新以降の日本も、西欧諸国と同様、列強（近代化）の道のりを歩んできました。その結果、ユーラシア大陸の東と西の端に、それぞれ近代的な文明圏が形成されたものの、両者に挟まれた広大な地域では、専制主義に彩られた世界が、その後も温存されることになったというわけです。

梅棹は『文明の生態史観』のなかで、このように巨大な領域を射程に収めつつ、なぜユーラシア大陸が近代化に挫折したのかという考察を試みたのです。

確かにこの地域は、中国、ロシア、中央アジア、インド、さらに旧オスマントルコ等々、近代以前まで、かなり強力な帝国的支配が布かれていました。そして、これらの文明圏が、数多の抗争と興亡を繰り広げていくなかで、人々の移動が頻繁に起こり、その結果、この世界最大の大陸には、数多の民族や宗教が多様な形で混在しているのです。

＊

振り返ってみると、湾岸戦争[3]、ソ連邦崩壊[4]、ユーゴ紛争[5]、コソボ紛争、アフガン戦争、そして現在のイラク戦争等々、九〇年代以降に世界の焦点となった出来事は、そのほとんどがユーラシア大陸を舞台としています。あるいは、パレスチナ問題[6]も、この大陸の片隅で起きている出来事というふうに捉えると、他と比べても、この大陸がいかに「熱い地域」であるかが理解できるでしょう。

また現在、中国、ロシア、インドなど、このユーラシア大陸では、将来の世界経済や国際政治に大きな影響力をもつと思われる新興の国々が、着実に台頭しつつあります。しかも、そのほとんどが民主主義的な制度を完備しているとは言いがたい国々です。

いずれにせよ、冷戦崩壊以後、この巨大大陸が、政治、経済、エネルギー、さらに文化なども含めたあらゆる側面で、非常に重要な「センター」として急速に浮上しつつあることだけは確かなようです。

では、東北アジアを、このように「熱い地域」の東端と捉えた場合、いったいどのような光景が広がってくるのでしょうか。

▼未曾有の大量死

二〇世紀は、戦争と革命の世紀であると言われています。そして、東北アジアの二〇世紀こそ、まさにそのような時代であり、人類史上わずか一〇〇年間で、これだけの混乱と大量死の惨禍に見舞われた地域は、他にはありません。

第一次世界大戦、第二次世界大戦、さらに準世界戦争の様相を呈した朝鮮戦争、あるいは地政学的な隣接関係やアメリカの関与の度合いを考慮して、ベトナム戦争も東北アジアで起きた準世界戦争だと捉えると、この地域は史上最大級の戦争をほとんどすべて経験していることになります。

さらにこの地では、ロシア革命(7)と中国革命(8)という、二つの大きな革命も勃発しました。東欧や中南米など、世界各地でも数多くの革命が起こりましたが、その後の共産主義体制下における、もっとも苛烈な惨禍を経験したのは、東北アジアの共産圏です。例えば、一九六〇年代の中国を襲った大飢饉の際には、経済政策の失敗もあって、一〇〇〇万人以上の人々が犠牲になったという統計もありますし、文化大革命[9]やスターリン体制下の大量粛清による死者総数もおびただしい数に上ります。

　こうして列挙してみると、想像を絶する規模の大量殺戮が、いかに継続的にこの地域を襲ってきたかがわかります。

▼冷戦以後の再ブロック化

　ところで、一九三〇年代の終わりごろの日本では、「東亜共同体構想」が盛んに唱えられていました。

　当時の枠組みは、日支満——すなわち、「日本＋支那＋満州」という組み合わせでしたが、このような広範なアウタルキー経済（輸入に依存しない自給自足的な経済）の圏域を構築しようという動きは、世界大恐慌後の欧米各国におけるブロック経済化の流れに、ある意味、呼応したものでした。

　この東亜共同体も、戦前の日本が発した、一つの地域主義的なメッセージでした。大東亜共栄圏[10]とともに、アジア侵略の歴史とセットにされることも多い言葉ですが、実際、一九〇九年に、伊藤博文[11]を殺害して死刑となった安重根《アンジュングン》[12]のような朝鮮独立運動の義士たちの間でも、「東亜連携」のスローガンは盛んに標榜されていました。

そして現在、冷戦崩壊後の世界には、ふたたびブロック化の波が押しよせてきています。

ユーラシア大陸の西端にはＥＵ[13]が成立し、アメリカ、カナダ、メキシコの間では、ＮＡＦＴＡ[14]という自由貿易協定が結ばれました。さらに、東南アジアにもＡＳＥＡＮ[15]自由貿易圏が形成されています。

では、現在と過去の違いは何かというと、まず真っ先に、ＷＴＯ[16]の存在が挙げられるでしょう。

一九三〇年代当時、世界規模で経済を取り仕切る国際機関は、どこにもありませんでした。しかし、現在のＥＵ、ＮＡＦＴＡ、ＡＳＥＡＮ等の経済圏は、いずれも、ＷＴＯを中心とする、貿易と投資のグローバルなネットワークのなかで形づくられたものです。

そのような状況下、東北アジアで同じような動きが浮上してくるのも、当然の成り行きと言えるでしょう。

▼政治と経済のギャップ

東北アジア地域の中心的な存在である日本、韓国、中国の三ヶ国だけで、世界経済の二十数パーセントのGNP（国民総生産）を産出しています。

これほど急激な経済成長を遂げた地域は、過去に存在しません。しかも日中貿易は、域内貿易において、すでに日米貿易すら凌駕しています。投資・貿易の総額も拡大傾向にあり、早晩、この地域が、漠然とした形ではあるけれど、一つの経済的な圏域となっていくことは、ほぼ間違いないでしょう。

しかし、そのように巨大な経済力をもつに至った反面、この東北アジアほど国家間の相克の激烈な場所も、あまり見当たりません。一面、経済的な相互依存関係や文化的な交流が加速度的に進んでいるものの、この地域における、安全保障と資源をめぐる根深い対立は、近年、ますます顕著になっています。

それではなぜ、東北アジアに、多国間主義的な安全保障の枠組みと、相互信頼のメカニズムが、確立されてこなかったのでしょうか。

第一の理由は、歴史認識をめぐる齟齬の存在です。

これについては別項で詳述したので、ここではあえて触れません。若干、付け加えると、民主化と情報化の急速な進展によって、ナショナリズムが拡散しやすい状況が生まれていることも、この問題をさらに複雑にしています。

二つめは、この地域では、いまだに冷戦が完全に終わっていないという事実です。

一九五三年七月二七日に板門店《パンムンジョム》で休戦協定が成立した朝鮮戦争は、その後、段階的に平和条約が締結されることもないまま、半世紀以上の時が経過しました。いわば、この準世界戦争の歴史的な清算を済ませられないまま、東北アジアの戦後世界は形づくられていったのです。

その新たな秩序も、アメリカを車輪の中心部（ハブ）とした、二国間関係の集積（米日、米韓、米朝、米中等々）でしかありません。実際、アメリカの仲介がなければ、隣国との円滑な交渉ができないことも多々あります。コロンビア大学のキャロル・グラック[17]は、この現象をアジアにおける「二国間主義症候群」と名づけました。

こうして眺めてみると、東北アジアに地域主義的な共同体を構想すること自体が、ナンセンスに思えてきます。にもかかわらず、この地域に何らかの枠組みができることは、ユーラシア大陸にとっても決定的な意味があるはずだ、と私は考えています。

▼東アジア共同体

このあたりで、これまで言及してきた東北アジアとは違った、もう一つの地域主義的な枠組みについて触れなければなりません。

それは、東南アジアプラス3、つまり、ASEAN一〇ヶ国に日本、中国、韓国を加えた地域統合の構想で、近年、にわかに注目されている「東アジア共同体」のことです。奇しくも、この枠組みは、太平洋戦争中の大東亜共栄圏とほぼ同じ領域を射程にしているのですが、もともとは、ASEAN諸国から自発的に発せられたものなのです。

これは、戦前の日本によって荒唐無稽な形で唱えられていた地域主義が、歴史上初めて、アジアのなかから生まれてきたことを意味しています。現在は、中国が推進役を果たしていますが、日本も、元首相の中曽根康弘[18]が加わった「東アジア共同体評議会」を旗揚げするなど、その体制づくりに関与しようとしています。

しかし皮肉なことに、自然な形で立ち上がった東アジア共同体構想に、過去に大東亜共栄圏を唱えた日本がどのようなスタンスで参加すべきかが問題となり、国内でも意見がさまざまに分かれています。いずれにせよ、この東アジア共同体をめぐる水面下の覇権争いが、日中間の険悪な状況の背景となっていることは確かです。

さらに、多国間の枠組みのなかにどの国を組み入れるべきかという、構成メンバーをめぐる対立も起きています。

二〇〇五年一二月、クアラルンプールで開催された第一回東アジアサミットには、ASEA

Nプラス3のほか、オーストラリア、インド、ニュージーランドが参加し、構成メンバーとその枠組みをめぐって日中で激しいつばぜり合いがありました。最大の焦点となっているのが、アメリカの参加をどうするのかという問題です。こうした議論の存在自体、東アジアの国々が超大国との関係をどのように展望していくのかという、歴史の大きな岐路に立たされていることを、何よりも雄弁に物語っています。

現在のところ、ASEANプラス3を中心とする東アジア共同体構想には、アメリカは加えられていません。しかし、東北アジアにアメリカは関与しています。もしアメリカにロシアを加えた東北アジアの地域協力の枠組みができあがれば、この地域の主力メンバーである日本、韓国、中国の三ヶ国が加わる東アジア共同体は、より開かれた地域主義へと発展する可能性があるのです。

この意味で東アジア共同体という広域的な地域統合の成否は、じつは東北アジアの地域協力の成否にかかっていると言っても言い過ぎではありません。

▼六者協議

現在の北朝鮮をめぐる問題は、東北アジアに、多国間主義的な安全保障の枠組みと、相互信頼のメカニズムを構築するための、一つの大きな試金石ともなっています。

それは、具体的には、六者協議という形をとって現れつつありますが、北朝鮮の核廃棄をはじめ、朝鮮半島の非核化を明記した共同声明が採択されたことで、そうした信頼醸成のメカニズムにつながる道筋が見えてきました。

じつは、一九〇五年の桂－タフト協定以来、朝鮮半島がこの地域の平和と安全保障のアクターとして登場したことは、一度としてありませんでした。

だから、南北両朝鮮を含めた六者協議を通じて共同声明が採択されたことは、非常に画期的な出来事です。核問題について一応の成果があったことで、アメリカを加えた、世界に例のない多国間ネットワークが、今後、構築される糸口もできあがりました。さらに、現時点で考えうる理想的な展開を書き連ねると、以下のようなものになるでしょう。

六者協議を継続的に催しながら、朝鮮半島の非核化を推進する。

同時に、朝鮮戦争終結時の休戦協定を平和協定に切り替える。

六ヶ国による軍縮、軍備管理とセットで朝鮮半島の「中立化」を実現する。

ちなみに、この中立化とは、すべての外国の軍隊を朝鮮半島から撤収させ、その後の安全を、周辺四ヶ国が保障する、ということです。それを通じて、六者協議の枠組みは、常設の多国間安全保障機構へと段階的に発展していくかもしれません。もちろん、今後の進展は楽観を許さず、さまざまな曲折が予想されます。

＊

東北アジア地域は、経済の面で見ても、やや跛行的です。というのも、現時点では、北朝鮮が、投資や物流のネットワークのなかに入っていないからです。

日本、韓国、中国の三ヶ国間では、経済的な相互交流も非常に活発ですが、もしも六者協議が常設の集団安全保障機構となり、それに北朝鮮との貿易や投資をフォローアップするような仕組みができあがれば、東北アジア経済はさらに活性化するはずです。

その段階まで進めば、ロシアのエネルギー供給基地とリンクしながら、巨大大陸全体の経済を刺激することにもなるでしょう。将来的には、巨大大陸西端のヨーロッパとの相互交流も、より深まっていくはずです。

さらにエネルギーの需給に関しても、東北アジアの六ヶ国は、極めて有利な条件にあります。なぜなら、ロシアの石油や天然ガスがこの地域の多国間関係のネットワークとリンクして、地域経済の活性化を促す可能性があるからです。

また朝鮮半島は、地政学的にも、今後、ユーラシア大陸と海洋国家日本を媒介する役割を果たすことで、外交面の活路を見出していくことでしょう。そのうえ、東北アジアの地域協力の枠組みを通じて、先に述べた東アジア共同体にアメリカやロシアといった国々が間接的に組み込まれていくことになれば、そこには、東北アジアの地域協力と東アジア共同体が部分的に重なり合いながら共存する、重層的な地域統合が出現することになるのです。

日本にとって、それらは、日米安保に特化した安全保障を、漸進的に多国間主義の中に埋め込んでいく道のりでもあるのです。

*

しかし、東北アジアの地域構想が、もし挫折した場合はどうなるでしょうか。

私は、新たな冷戦構造が形成されることになると思います。安保条約でタッグを組んだ日米二ヶ国と、大陸や半島との地政学的な対立関係は温存され、日本はその最前線の基地になっていくことでしょう。また、かつての冷戦とは違い、経済的には強固な相互交流が存在している分、国際的な秩序は極めてアンバランスなものとなるはずです。

さらに日本は、安全保障の面からも、ますます日米関係偏重になっていかざるをえないでしょう。また、この地域の不安定要因は政治的にも軍事的にも解消されることはなく、資源や領土問題をめぐって、破局的な衝突や地域紛争が勃発する可能性すら出てきます。

しかも、東北アジアに置かれた膨大な軍事力の存在を考慮すると、万が一の場合、中近東のケースとは異なり、大規模な戦闘へと一気に繫がる危険性もあるのです。

六者協議の一応の成果で、そのような危機は当面回避されましたが、せっかく手にしたこのチャンスを絶対に逃してはなりません。

今、私たちは、歴史の重大な分岐点に立たされているのです。

▼日本のアジア化

巨視的に見れば、もしも東北アジアにおける地域主義的な動きが成功した場合、アメリカによる帝国的な単独行動主義が、少しずつ後退していくきっかけともなるでしょう。そして、アメリカ、東北アジア、ＥＵという複数の巨大圏域が並び立つ多極的な世界秩序が、ゆるやかに形成されることが予想されます。

それに失敗した場合は、おそらく、単極的な世界秩序はさらに強化されていくことでしょう。そして日本は、「極東のイギリス」として、アメリカを支えるジュニアパートナーの道を歩まざるをえなくなります。

つまり、東北アジア共同体の実現の成否は、冷戦以後の世界が一極支配に向かうのか、あるいは多極化に向かうのかを占う、一つの大きな試金石ともなっているのです。

＊

かつて岡倉天心(19)は、「アジアは一つなり」と言いました。

そして太平洋戦争中に、アジア連帯の夢は、大東亜共栄圏という荒唐無稽な掛け声のなかに霧散していきます。その結果、日本は戦後、明治以来の多国間主義的な地域主義を、大日本帝国のイデオロギーとして全面的に否定してきました。

しかし現在、戦前のこうした地域構想が、まったく違ったコンテキストで、違った形態をとりながら、しかも違った主体によって唱えられるようになりました。

ただし、朝鮮半島や中国が、東北アジアや東アジア共同体の構築に向けて、積極的にコミットしている一方で、日本は依然として日米安保にしがみついたまま、アジアとの関係は疎遠になりつつあるようです。あれほど大東亜共栄圏の構築を声高に唱えていた日本が、地域主義への参画に対して、及び腰になっているのです。

まさしく、歴史の逆説です。

私自身、東北アジアにおいて、今後は「日本のアジア化」が、もっとも重要なキーワードになっていくと確信しています。

喩えは悪いかもしれませんが、二〇世紀の一〇〇年間、朝鮮半島と中国は、国際政治においては、禁治産者、あるいは準禁治産者のような扱いを受けてきました。私たちは、そういう状況をふまえたうえで、周辺諸国の「反日」の意味を考えるべきです。同時に、世界の眼にそれがどのように映っているのかを、真摯に受け止めなければなりません。

二〇〇五年に可視化した、中国や韓国、さらに東南アジア各国の反日デモを目にしたとき、多くの人々はおそらく啞然としたことでしょう。これは、過去の歴史問題が、この地域に深い溝となってわだかまっていることを内外に印象づけることになりました。

＊

歴史認識をめぐる相克と冷戦構造の残滓《ざんし》は、ユーラシア大陸の東端の未来構想に暗い影を投げかけています。これらの問題が解決されない限り、おそらく地域主義の夢は、虚妄に終わることでしょう。

しかし私自身は、たとえそれが決断主義ではないかと誹《そし》られても、ナショナリズムの実在よりは、東北アジア共同体の虚妄に賭けるべきだと考えています。それこそが、太平洋の向こう側だけでなく、玄界灘にも架け橋をつくることになるからです。

◎「東北アジア」を読む

姜尚中『東北アジア共同の家をめざして』（平凡社、二〇〇一年）

「北東アジア」は「North-East Asia」の直訳である。「South-East Asia」の訳語「東南アジア」に対応するのは「東北アジア」の方だが、こちらはポピュラーではない。「北東アジア」という言葉には、アメリカの地政学的な遠近法を通じて世界を眺めてきた、戦後日本の歩みと自覚が映し出されている。また、第二次大戦期には「東亜共同体」というスローガンが掲げられたわけだが、韓国では今も「東北アジア」が一般的である。言葉は実体と切り離せないのだ。

現在、東北アジアはナショナリズムの波濤に洗われ、これまで以上に緊張が高まりつつある。私は、拙著のなかで、日本と近隣諸国の戦後半世紀以上におよぶ歴史体験のギャップを指摘しつつ、地域共同体という共通の意識をいかにして芽生えさせるのか、具体的なプロジェクトを通じてその可能性を提示しようと試みた。ＡＳＥＡＮを中心に東アジア共同体構想が浮上するなか、もしもＡＮＥＡＮ（東北アジア諸国連合）のような地域共同体が実現すれば、新たな冷戦の時代ではなく、より広域的な地域共同体が結びつく和解と交流の時代が訪れるに違いない。

あとがき　私と政治学

姜《かん》さんは、何を手がかりにそんな発言ができるのですか？

本をたくさん読めばいいのでしょうか、ならば、どんな本を読めばいいか、教えてくれませんか――。


時折、若い学生からこんな質問を受けることがあります。

自分で考えてほしいとはなかなか言えないから、少々、答えに窮してしまうのですが、私はいつも「自分のカンを研ぎ澄ましてほしい」と言うようにしています。姜が「カン」を磨けと言えば、洒落にもなりませんが、この場合の「カン」とは、第六感のことなのです。

『広辞苑』によると、第六感とは、「五感のほかにあるとされる感覚で、鋭く物事の本質をつかむ心のはたらき」とある。

何らかのハンディがあるなら別ですが、視覚、聴覚、臭覚、味覚、触覚の五感はいわゆる「フツーの人」に備わっている感覚の働きです。もちろん、人によっては五感を磨いて、「フッーの人」にはできないことをやりとげる才能の持ち主がいます。その場合、色彩が勝負の仕事であれば、視覚がポイントになるし、音楽であれば、聴覚が冴えていなければなりません。その他、それぞれに臭覚、味覚、触覚が問われる分野があります。

それでは、これらの五感のうち、もっとも偏重され、遍《あまね》く広がっている感覚は何かと言えば、それは視覚に違いないでしょう。「百聞は一見にしかず」というわけで、私たちは、視覚に頼った印象やイメージを、殊の外重んじるようになりました。それに拍車をかけているのが、視覚偏重主義に走るメディアの氾濫です。

でも、私はあえて言いたいと思います。「百見は第六感にしかず」と。

＊

視覚に偏重したメディア、特にテレビとプロパガンダについてここで詳しく述べる余裕はありませんが、テレビの映像が、私たちの五感を独り占めにし、第六感の働く余地を奪ってきたことは、この間のメディア・イベントとも言える戦争報道などを検討すれば明らかです。

個人的な体験で言えば、イラク戦争のときのことが忘れられません。

アメリカが戦争に突入する前、連日、テレビなどで繰り返し刷り込まれたのは、毒ガスなどで悶絶するクルド人の婦女子の映像でした。それが、ヒットラーばりのグロテスクな独裁者サダム・フセインの映像と鮮やかなコントラストをなして、イラクには大量破壊兵器があるに違いないという印象を、多くの人々に与えてしまったのです。「論より証拠」と言いますが、大量破壊兵器の存在を裏づける証拠がなく、しかもそれを目にする機会などありえないフツーの人々にとって、この映像は、いわば状況証拠のイメージを抱くきっかけともなりました。そうしたイメージの広がりを背景に、アメリカは先制攻撃に出たわけです。

それにしても、大量破壊兵器は、あるのか、ないのか。

この差し迫った二者択一の問いに誰もが困惑し、どう判断したらいいのか、迷ったに違いありません。確かに、あろうとなかろうと、先制攻撃を正当化する根拠などどこにもないという戦争反対論はありえます。しかし、「九・一一」の未曾有のテロ攻撃の後では、大量破壊兵器がある場合を想定すると、先制攻撃を否定する根拠として、今ひとつ説得力に欠ける憾《うら》みがありました。しかも、先の状況証拠のイメージがあったのだから、なおさらです。

だが、私には、大量破壊兵器はないという第六感が働いていました。それは、私のなかに、まるで身体的な感覚のように広がっていたのです。

そして、イラクの大量破壊兵器の査察に従事したことのある元国連査察官のスコット・リッターの発言を聞き、私の第六感は、いよいよ確信に満ちていきました。「論より証拠」の「証拠」がなく、状況証拠と見まがうような映像を、それこそ何度も見せられている私たちにとって、いったい何が判断の根拠になると言えるでしょう。

結局、第六感に頼るしかないのだと、私はそう決めていました。

もっとも、第六感を頼りに、私とは反対の結論に達する場合もありえます。今もって、イラク戦争の非を認めようとしない小泉首相の場合がそれでしょう。確かに小泉氏は、その第六感からか、大量破壊兵器はあると断言したのです。

このように第六感といっても、正反対の結論を導きだしてしまうことがあります。それでは、小泉氏の第六感と私のそれとは、どこがどう違うのでしょうか。

一言で言えば、それは、歴史の時間に対する感覚の違いなのです。

もし、イラク戦争を、冷戦終結以後の湾岸戦争の顚末から見直し、さらにはベトナム戦争と比べることができれば、もっとも新しい戦争の動機とその経過、そして結末が予想できたはずです。歴史の時間を、今という一点だけに凍結させて判断すれば、第六感は単なる直感的な思い込みにすぎなくなります。しかし、歴史の時間の幅を広くし、そして過去との「類比」を行う「思考実験」を試みてみれば、眼前のシーン（この場合はイラク戦争の新しい局面）は、違った意味を帯びてくるのです。

このような「思考実験」が可能となるためには、いわば「生もの」だけを扱うメディア的な情報だけでは限界があります。喩えは悪いかもしれませんが、「干物」の知が必要なのです。「干物」であるから、確かに鮮度は落ちているし、メディア的にはほとんど価値はありません。しかも、それは、視覚偏重の世界とは別物です。

だが、迂遠であっても、そのような「干物」の知がなければ、じつは「生もの」情報のうち、どれが危険でどれがそうでないのか、その識別は不可能になってしまいます。しかも、「生もの」に当たれば、普通は食中毒を起こし、苦しみが全身に回るのに、アクチュアルな出来事の世界では、当たっていてもその感覚がなく、むしろ快適な場合だってありえるのです。

先のイラク戦争で言えば、当初、「衝撃と畏怖の作戦」が成功を収め、ブッシュ大統領が勝利宣言をしたころ、アメリカ国民は有頂天だったたし、イラク戦争を支持した日本の学者やジャーナリスト、政治家のなかには「どうだそれみろ」と言わんばかりに得意満面で「アメリカの偉業」を褒め称える人もいました。それが、今は見る影もない有様です。

いったいなぜ彼らは性懲りもなく、過つのでしょうか。

それは、彼らにとって、「干物」の知など、がらくた同然と思われているからではないかと思います。

だが、大学における人文・社会科学とは、そうした「干物」の知を不断に生みだす学問のことです。一見すると役立たずのようであり、まごまごしていて、迂遠に見える学問です。そして、その最たるものが政治学であり、しかも、そのなかでも役立たずと思われているのが、政治思想史という、ごくごく周辺的な学問なのです。

専門は、と問われれば、私は政治思想史と答えざるをえません。多くの人々が一瞬、「えっ」という顔をし、なんだか難しそうですね、と判で押したようにつぶやくのが目に浮かぶようです。要するに「生もの」からもっとも縁遠い、人文・社会科学の世界でも「居留地」に追い込まれているような学問とみなされているのです。

だが、湾岸戦争以後、政治思想史のような「干物」の学問が、「生もの」以上に生々しいアクチュアリティがあるように思えて仕方がないことがあります。この逆説に気づくようになったのは、私が、一〇年刻みで日本の社会と世界を振り返るようになってからのことです。

一〇年のスパンで歴史を見れば、人も社会も、その変化の度合いを読み取ることができます。しかも、時間の点で見れば、まったく新しいように思えたものが、意外に旧《ふる》かったり、違った衣装を纏《まと》って立ち現れてきただけだったりと、いろいろと発見する機会が多くなりました。そう思えるのも、私のバックグラウンドに、政治思想史という「干物」の知見があるからなのです。

これに関して、最近、特に気づいたことを紹介しておきます。

私の恩師は、本書でも何度か言及されているトマス・ホッブズの研究者でした（残念ながら、一〇年前に他界されました）。大学に入りたてのころ、「生もの」の華々しい情報や知識に目が向きがちな青二才にとって、恩師の研究はまるで考古学者の仕事のように思われて、政治思想史などという悠長な学問が存在すること自体に驚いたものでした。

だが、ブッシュ政権が誕生し、「ネオコン」が話題になったころ、俄然、恩師のホッブズに関する研究は、生々しいアクチュアリティの光を放って甦ったのです。

というのも、「ネオコン」のイデオローグであったロバート・ケーガン[1]の論文が、ホッブズとカントを対比させながら、アメリカとヨーロッパの違いを浮き上がらせる戦闘的なマニフェストだったからです。しかも恩師の研究は、「ネオコン」の思想的な始祖と言われるレオ・シュトラウス[2]批判に捧げられていました。

大学の研究室の暗がりのなかで、まるで隠花植物のように育っていた「干物」の学問が、二〇年の歳月を経て、どんなジャーナリスティックな解説よりも、より本質を掴み出す第六感的な心の働きを大いに刺激することになったのです。

この逆説の醍醐味を味わえる喜びは、他の何ものにも代え難い。同時に、それに裏づけられて、あるのかないのかわからないけれども、しかし、何らかの判断を要するような難問にも、答えられるに違いないという確信が芽生えてくるようでした。

ここまで述べてきたことからわかるように、「百見は第六感にしかず」と言い切れるためには、政治学のような「干物」の知の裏づけがなければなりません。第六感を磨くためには、そうした「干物」の味を何度も噛みしめておくことが必要です。そうでなければ、第六感は、ただのひらめきにすぎません。

このような意味で、政治学は、私がメディアのような「生もの」の世界で発言をし、時には不確かな現実に判断を下す場合の拠りどころになっているのです。この手間暇のかかる「干物」を自分の味にじっくりと熟成させてこなかったら、私は「生もの」の旨味に籠絡されて、当たっていることにすら気づかなかったかもしれません。

ただ、逆に、もし「干物」の学問の世界だけに安住していたとしたら、私の第六感は鈍磨して、「生もの」のアクチュアリティを失っていたに違いないでしょう。もちろん、メディアのような「生もの」を扱う世界で発言をすることは、時にはリスクが伴います。

それでも、そのリスクを冒し、どれが中毒しそうな「生もの」なのかをしっかりと峻別する作業がなければ、政治学は永久に「干物」の世界のペダントリー（衒学《げんがく》趣味）に終わってしまうはずです。政治にリスクがつきまとうように、政治学にもリスクはつきものであり、だからこそ、先に述べたような逆説の醍醐味が味わえるのかもしれません。

＊

本書は、湾岸戦争からほぼ一五年に及ぶ、政治学という「干物」とメディアという「生もの」の世界の間で考え、行動してきた私の軌跡を、一つのエッセンスとしてまとめたものであり、七つのキーワードを通じて語る、戦後日本の過去と現在、そして未来への提言でもあります。多くの読者の眼に触れることを期待しています。

本書の腹案から原稿の整理、完成に至るまで、編集者の落合勝人氏にはひとかたならぬお世話になりました。これで、『ナショナリズムの克服』『日朝関係の克服』さらに『デモクラシーの冒険』と続く四部作になりますが、編集者としての、そして同時代の伴走者としての落合氏のご尽力に心から謝意を表したい。また、本書の腹案をまとめる段階で、小山晃氏にもお世話になりました。重ねてお礼を述べたい。

人物・用語解説

▼はじめに

（1）**アーレント** Hannah Arendt 一九〇六年、ドイツ生。政治哲学者。ナチズムやスターリニズムを生みだした社会基盤を研究。著書に『全体主義の起原』ほか。七五年没。

（2）**五五年体制** 万年与党の自民党と万年野党の社会党という政治体制。一九五五年、右派と左派が統一した日本社会党と、自由党と民主党が合体した自由民主党が発足して成立。九三年、細川護熙内閣の成立で崩壊。

▼第一章 アメリカ

（1）**テイラー・システム** Taylor system 二〇世紀初頭のアメリカで、F・W・テイラーによって提唱された工場管理、労務管理方式。ノルマ設定とその達成を合理的に考察。現在の経営管理の原型。

（2）**レーニン** Vladimir Ilich Lenin 一八七〇年生。ロシアの革命家・政治家。一九一七年、十月革命を指揮しソビエト政府を樹立、首班となる。第三インターナショナルを創設。著書に『国家と革命』ほか。二四年没。

（3）**ネグリ** Antonio Negri 一九三三年生。イタリアの政治哲学者。マルクス研究とスピノザ研究で注目を集める。七九年、赤い旅団による議員誘拐・殺害の実行犯の一人として逮捕。八三年、国会議員に当選。議員不逮捕特権により出獄後、フランスに亡命。九七年、イタリアに帰国。著書に『帝国』（ハートとの共著）ほか。

（4）**ハート** Michael Hardt 一九六〇年生。デューク大学助教授。比較文学。パリ第八大学で、フランス亡命中のネグリに師事。著書に『帝国』（ネグリとの共著）ほか。

（5）**マキアヴェリ** Niccolò Machiavelli 一四六九年生。イタリアの政治思想家。政治の領域を、宗教・倫理から独立させ、現実主義的な近代政治学の基礎を形成。著書に『君主論』ほか。一五二七年没。

（6）**マルクス**　Karl Heinrich Marx　一八一八年生。ドイツの哲学者・経済学者・革命家。六四年、第一インターナショナルを創設し、六七年、『資本論』第一巻を出版。八三年没。

（7）**キリスト教原理主義**　キリスト教プロテスタントの福音派右派の思想。聖書の一言一句を信奉する、ファンダメンタリズム運動を伴う。進化論の否定、妊娠中絶禁止、同性愛禁止等を謳う。

（8）**トクヴィル**　Alexis Charles Henri Maurice Clérel de Tocqueville　一八〇五年生。フランスの政治家・歴史家。著書に『アメリカのデモクラシー』ほか。五九年没。

（9）**ブッシュ**　George Walker Bush　一九四六年生。アメリカの政治家。九四年、テキサス州知事に当選。二〇〇一年、第四三代大統領に就任。共和党選出。父は第四一代大統領。

（10）**ルソー**　Jean-Jacques Rousseau　一七一二年生。フランスの啓蒙思想家・作家。共和制を主張し、その影響はフランス革命に及んだ。著書に『告白』ほか。七八年没。

（11）**ウェーバー**　Max Weber　一八六四年生。ドイツの社会学者・経済学者。論文に「プロテスタンティズムの諸教派と資本主義の精神」ほか。一九二〇年没。

（12）**宗教戦争**　特に一六世紀半ばから一七世紀の宗教改革期のヨーロッパで、カトリックとプロテスタントの対立を起因として、ユグノー戦争や三十年戦争などの武力抗争が頻発した事態を総称する。

（13）**ホッブズ**　Thomas Hobbes　一五八八年生。イギリスの哲学者・政治学者。機械論的自然観を用いて、社会契約説や主権国家論を主唱し、絶対君主制を擁護した。著書に『リヴァイアサン』ほか。一六七九年没。

（14）**ロック**　John Locke　一六三三年生。イギリスの哲学者・政治思想家。イギリス経験論・啓蒙思想を確立。社会契約説をとり、権力分立・信教の自由などを主張。著書に『人間知性論』ほか。一七〇四年没。

（15）**ピルグリム・ファーザーズ**　Pilgrim Fathers　一六二〇年、清教徒への圧政を避け、イギリスからメイフラワー号で北アメリカ大陸へ渡った一〇二人の清教徒（分離派）入植者。巡礼始祖ともいう。

（16）**キング**　Martin Luther King　一九二九年生。アメリカの黒人運動指導者・牧師。非暴力主義の立場で公民権運動を指導、五七年、南部キリスト教指導者会議（ＳＣＬＣ）を結成。六四年、ノーベル平和賞受賞。著書に『自由への大いなる歩み』ほか。六八年、遊説中に暗殺。

（17）**マルコムX**　Malcolm X　一九二五年生。アメリカの黒人運動指導者。攻撃的な指導者として著名。ネイション・オブ・イスラム教団のスポークスマンを務めたのち、六四年脱退。ムスリム・モスク・インク、アフリカ系アメリカ人統一機構を創立。六五年、遊説中に暗殺。

（18）**マッキンリー**　William McKinley　一八四三年生。アメリカの政治家。九七年、第二五代大統領に就任、金本位制、保護関税政策を展開。米西戦争、ハワイ併合などの対外政策を実施。任期中の一九〇一年暗殺。

（19）**イラク戦争**　国際社会をテロの脅威から守ることを標榜し、安保理決議を経ないまま、米英の主導で二〇〇三年三月二〇日未明に始められた戦争。同年五月一日に戦闘終結宣言が出されるが、その後も混乱が続き、攻撃理由の一つとされた大量破壊兵器の存在も確認されず、発見は断念された。

（20）**モンロー主義**　欧米両大陸間の相互不干渉を旨とする外交原則。一八二三年、第五代アメリカ大統領モンローが、ラテンアメリカ諸国の独立に際し、ヨーロッパの不干渉を宣言したことに基づく。

（21）**セオドア・ルーズベルト**　Theodore Roosevelt　一八五八年生。アメリカの政治家。共和党選出。一九〇一年、第二六代大統領に就任（〇九年退任）。〇六年、ノーベル平和賞受賞。一九年没。

（22）**桂‐タフト協定**　一九〇五年七月、桂太郎首相とアメリカ大統領特使タフト米陸軍長官との間で交わされた秘密覚書。アメリカのフィリピン統治と日本の朝鮮半島に対する優越支配などを相互承認した。

（23）**国際連盟**　アメリカ第二八代大統領ウィルソンが提唱。一九二〇年、世界平和の確保、国際協力の促進を目指し、ベルサイユ条約に基づいて設立した。四六年の国際連合成立後、解散。

（24）**フランクリン・ルーズベルト**　Franklin Delano Roosevelt　一八八二年生。アメリカの政治家。一九三三年、第三二代大統領に就任。民主党選出。世界大恐慌下、ニューディール政策を推進。任期中の四五年、急死。

（25）**ニューディール政策**　一九三三年から、アメリカのF・ルーズベルト政権が大恐慌克服のために採用した政策の総称。本来の意は、新規まき直し。

（26）**カント**　Immanuel Kant　一七二四年生。ドイツの哲学者。『純粋理性批判』『実践理性批判』『判断力批判』の三大批判書の著者。ドイツ観念論の創始者。一八〇四年没。
(27) **ナポレオン** Napoléon Bonaparte　一七六九年生。フランスの軍人・政治家。九九年のクーデターにより統領政府を樹立。一八〇四年、皇帝に即位。ヨーロッパ各国との交戦を遂行（ナポレオン戦争）。二一年没。
(28) **ウォーラーステイン** Immanuel Wallerstein　一九三〇年生。アメリカの歴史家。ビンガムトン大学フェルナン・ブローデル・センター所長。世界システム学派の中心人物。著書に『近代世界システム』ほか。
(29) **ウィルソン** Thomas Woodrow Wilson　一八五六年生。アメリカの政治家。一九一三年、第二八代大統領に就任。民主党選出。国際連盟の設立に尽力。一九年、ノーベル平和賞受賞。二四年没。
(30) **ベトナム戦争**　アメリカとその傀儡政権である南ベトナム政府に抵抗し、一九六〇年ごろからおよそ一五年にわたって続けられた、北ベトナムおよび南ベトナム解放民族戦線による独立・解放戦争。
(31) **ダワー** John W. Dower　一九三八年生。アメリカの歴史学者。日本占領研究の第一人者。マサチューセッツ工科大学教授。著書に『敗北を抱きしめて』ほか。
(32) **キャプラ** Frank Capra　一八九七年イタリア生。アメリカの映画監督・脚本家。監督作品『或る夜の出来事』ほか。一九九一年没。
(33) **朝鮮戦争**　大韓民国と朝鮮民主主義人民共和国の間で行われた戦争。朝鮮半島の独立・統一問題と、アメリカ・ソビエトの対立が影響し、米軍を主力とする国連軍と中国人民義勇軍の参戦で、準世界戦争化した。一九五〇年六月に開戦し、北緯三八度線付近で膠着状態が続き、五三年七月休戦。
(34) **クリントン** William (Bill) Jefferson Clinton　一九四六年生。アメリカの政治家。九三年、第四二代大統領に就任（在任二〇〇一年まで）。民主党選出。ニューエコノミーを推進。
(35) **ゴア** Albert Arnold Gore　一九四八年生。アメリカの政治家。九三年、第四五代副大統領に就任（在任二〇〇一年まで）。民主党選出。情報スーパーハイウェイ構想を提唱。
(36) **リバータリアン** libertarian　各個人の自由を最大限尊重し、国家による介入を最小限に抑えるべきであるという、自主自立的な政治思想リバータリアニズム（libertarianism）を信奉し、主張する人々。

（37）**レーガン**　Ronald Reagan　一九一一年生。アメリカの政治家。映画俳優から政界入りし、六六年、カリフォルニア州知事。八一年、第四〇代アメリカ大統領に就任（在任八九年まで）。共和党選出。二〇〇四年没。

（38）**ウォルフォウィッツ**　Paul Wolfowitz　一九四三年生。「アメリカ新世紀プロジェクト」（PNAC）のメンバーで、ネオコンの主唱者の一人。ブッシュ（ジュニア）政権の国防副長官。〇五年、世界銀行総裁就任。

（39）**ネオコン**　neo-conservative　新保守主義。源流は、一九六〇年代のアメリカ東海岸の保守化した社会民主主義者やトロツキストとされる。反ソ連の立場から軍事力を重視したグループが、九七年にシンクタンク「アメリカ新世紀プロジェクト」を結成。ブッシュ（ジュニア）政権の単独行動主義を主導する。

（40）**ベル**　Daniel Bell　一九一九年生。アメリカの社会学者。「フォーチュン」誌編集長を経て、シカゴ大学、コロンビア大学、ハーバード大学の教授に。著書に『イデオロギーの終焉』ほか。

（41）**ブルーム**　Allan Bloom　一九三〇年生。アメリカの政治哲学者。著書に『アメリカン・マインドの終焉』ほか。九二年没。

（42）**ハンチントン**　Samuel Phillips Huntington　一九二七年生。アメリカの政治学者。ハーバード大学教授。著書に『文明の衝突』ほか。

（43）**ケナン**　George Frost Kennan　一九〇四年生。アメリカの外交官・歴史家。冷戦下のソビエト封じ込め政策に繋がる分析を行った。著書に『アメリカ外交五〇年』ほか。二〇〇五年没。

（44）**キッシンジャー**　Henry Alfred Kissinger　一九二三年生。アメリカの国際政治学者・政治家。六九年、ニクソン政権の大統領補佐官、七三年国務長官となり、フォード政権でも同職にあった。七三年、ノーベル平和賞受賞。

（45）**トロツキー**　Lev Davidovich Trotskii　一八七九年生。ロシアの革命家・思想家・政治家。一九一七年の十月革命を指導。赤軍を組織。レーニン死後、永久革命論を唱えるが、一国社会主義論を標榜するスターリンら主流派と対立。四〇年、亡命先のメキシコで暗殺。

（46）**ショワー**　Michael Scheuer　元アメリカ中央情報部（CIA）テロ対策担当者。一九九六年から三年間、アルカイダ担当部長を務める。著書に『帝国の傲慢』ほか。
(47)**九・一一**　二〇〇一年の九月一一日、NYやワシントンなど、アメリカの政治経済の中枢を襲った同時多発テロ。実行犯は、ウサマ・ビンラディンを首謀者とするアルカイダ等、イスラム原理主義者とみなされる。
(48)**マッカーシズム**　MacArthyism　一九五〇年から五四年にかけてアメリカで猛威を振るった、共産主義者への弾圧(赤狩り)。共和党右派の上院議員J・R・マッカーシーが中心となった。
(49)**ホルクハイマー**　Max Horkheimer　一八九五年生。ドイツの哲学者・社会学者。一九三〇年、フランクフルト大学社会研究所所長。ナチスに追われアメリカに亡命。著書に『批判的社会理論』ほか。七三年没。
(50)**アドルノ**　Theodor Wiesengrund Adorno　一九〇三年生。ドイツの哲学者・社会学者・美学者。フランクフルト学派の中心人物。第二次世界大戦中、アメリカに亡命。著書に『否定弁証法』ほか。六九年没。
(51)**ノーマン**　E. Herbert Norman　一九〇九年、日本生。カナダの歴史家・外交官。三九年、カナダ外務省入省。ナチスを逃れて連合国総司令部(GHQ)に出向。五七年、任地カイロにて自殺。
(52)**丸山眞男**　一九一四年、大阪府生。政治学者・政治思想史家。第二次世界大戦後の民主主義思想を主導した戦後日本の代表的知識人。著書に『日本政治思想史研究』ほか。九六年没。
(53)**アフガン攻撃**　アメリカは、二〇〇一年九月一一日のアメリカ同時多発テロの犯行を、ビンラディンとアルカイダによるものと断定、同年一〇月七日、彼らを保護しているとして、アフガニスタンへの報復攻撃を開始。
(54)**ケインズ**　John Maynard Keynes　一八八三年生。イギリスの経済学者。自由放任主義を批判し、政府投資による完全雇用達成の重要性を主張。著書に『雇用、利子および貨幣の一般理論』ほか。一九四六年没。
(55)**ブレトン・ウッズ体制**　国際通貨体制(IMF体制)。一九四四年、アメリカのニューハンプシャー州ブレトン・ウッズで催された連合国会議(四四ヶ国が参加)で、ブレトン・ウッズ協定を締結。七三年の変動相場制への移行で崩壊。
(56)**IMF**　International Monetary Fund　国際通貨基金。ブレトン・ウッズ協定により、一九四五年に発足した国連の専門機関。国際収支の悪化した国への融資や、為替相場および各国の為替政策の監視を行う。

(57) **世界銀行**　国際復興開発銀行。ブレトン・ウッズ協定により、一九四五年に設立された国際金融機関。各国中央銀行に長期貸付で融資を行う。

(58) **国際貿易機構**　ブレトン・ウッズ協定により設立が予定されていたが、アメリカ議会に反対されたため、四七年のジュネーブ貿易会議でGATT(関税・貿易に関する一般協定)が創設され、二三ヶ国が調印。

(59) **アイゼンハワー**　Dwight David Eisenhower　一八九〇年生。アメリカの政治家・軍人。第二次世界大戦中の連合軍総司令官。一九五三年、第三四代大統領就任(在任六一年まで)。共和党選出。六九年没。

(60) **文化帝国主義**　ある支配的な文化が、メディア等を通して他の文化圏を侵食し、文化的植民地状態を形成する状況。

(61) **ホー・チ・ミン**　Ho Chi Minh　胡志明。一八九〇年生。ベトナムの政治家・革命家。一九三〇年、インドシナ共産党結成。四五年、ベトナム民主共和国の初代大統領に就任。六九年没。

(62) **ピューリタン革命**　清教徒革命。一六四二年、イギリスにおいて、チャールズ一世の専制に対し、宮廷と議会の間で内乱が勃発。四九年、清教徒を中心とする議会派(地方派)が国王を処刑。共和制を施行するが、五八年にクロムウェルが没すると、国政は混乱。六〇年、チャールズ二世がブレダ宣言を発し、王政が復活。

▼第二章　暴力

(1) **モース**　Marcel Mauss　一八七二年生。フランスの人類学者・社会学者。原始社会の贈与の慣行を省察し、構造主義に多大な影響を及ぼす。社会学者デュルケームの甥。著書に『贈与論』ほか。一九五〇年没。

(2) **フロイト**　Sigmund Freud　一八五六年生。オーストリアの精神医学者。無意識の領域と性的衝動を重視した精神分析学を確立。文学や芸術にも多大な影響を与える。著書に『精神分析入門』ほか。一九三九年没。

(3) **ハーバーマス**　Jurgen Habermas　一九二九年生。ドイツの哲学者・社会学者。フランクフルト大学名誉教授。批判的社会理論を再構築する。著書に『公共性の構造転換』ほか。

(4) **オットー**　Rudolf Otto　一八六九年生。ドイツの宗教哲学者。著書に『聖なるもの』ほか。一九三七年没。
（5）**ソレル**　Georges Sorel　一八四七年生。フランスの社会哲学者。プルードンやバクーニンの影響を受け、資本主義の打倒、議会制民主主義の否定を唱えた。著書に『暴力論』ほか。一九二二年没。
（6）**ベンヤミン**　Walter Benjamin　一八九二年生。ドイツの思想家・批評家。マルクス主義を背景にした歴史的唯物論と、ユダヤ神秘主義を背景にしたエッセイ的文章によって、独特な思想を展開。著書に『複製技術時代の芸術』ほか。一九四〇年、ナチスからの逃亡中、ピレネー山中で自殺。
（7）**サド**　Marquis de Sade　一七四〇年生。フランスの小説家。異常性愛を描き、サディズムの語源となる。人間心理の暗部を描き、既成の宗教を批判。著書に『悪徳の栄え』ほか。一八一四年没。
（8）**夜と霧**　オーストリアの精神分析学者ヴィクトール・フランクルが、ナチスによるユダヤ人強制収容所への収容体験を描いた作品。原著初版一九四七年、改訂版七七年。
（9）**フーコー**　Michel Foucault　一九二六年生。フランスの哲学者・思想家。西欧的知に対する徹底的な批判を展開。構造主義の代表的存在。著書に『言葉と物』ほか。八四年没。
（10）**ニーチェ**　Friedrich Wilhelm Nietzsche　一八四四年生。ドイツの哲学者。ヨーロッパ文化とキリスト教を徹底的に批判。神の死や、永劫回帰の思想を説く。著書に『権力への意志』ほか。一九〇〇年没。
（11）**バクーニン**　Mikhail Aleksandrovich Bakunin　一八一四年生。ロシアの無政府主義者。革命家。第一インターナショナルにも参加するが、マルクスと対立。著書に『国家制度とアナーキー』ほか。七六年没。
（12）**アウグスティヌス**　Aurelius Augustinus　三五四年生。北アフリカ出身の初期キリスト教会の思想家・聖人。初めはマニ教を奉じていたが、キリスト教に回心し洗礼を受ける。生地にもどり司教となって、異端の徒に厳しく対した。四三〇年没。
（13）**ハイデッガー**　Martin Heidegger　一八八九年生。ドイツの哲学者。実存哲学を代表する。西欧形而上学の解体を試み、存在概念の根本的な解明を試みた。著書に『存在と時間』ほか。一九七六年没。
（14）**コソボ空爆**　旧ユーゴスラビア連邦解体後、セルビア人とアルバニア系住民との民族対立が続き、一九九九七年には武力衝突まで勃発したコソボ自治州に対し、九九年三月、NATO軍は、治安維持と民族間の軍事行動を阻止する名目で、無差別大量爆撃を伴う空爆を敢行した。
(15) **ツァーリズム**　帝政ロシア時代の、独特の専制政治体制を指す。イワン四世が用いた皇帝の意の称号ツァーリに由来する。

▼第三章　主権
(1) **アンダーソン**　Benedict Anderson　一九三六年、中国雲南省昆明生。政治学者。東南アジア研究が専門。コーネル大学名誉教授。著書に『想像の共同体』ほか。
(2) **ユグノー戦争**　フランス国内を二分し、一五六二年から九八年にかけて断続的に行われた宗教戦争。アンリ四世が、プロテスタント信仰の自由を認めるナントの勅令を発したことにより終結。
(3) **三十年戦争**　一六一八年、神聖ローマ帝国領内のボヘミアで、新旧両教徒による内戦が勃発、旧教側にスペイン、新教側にデンマーク、スウェーデン、フランスが加担し、国際戦争に発展。四八年、多国間によるウェストファリア条約により終結。
(4) **ボダン**　Jean Bodin　一五三〇年生。フランスの法学者・社会思想家。ユグノー戦争の最中、王権の擁護と宗教の寛容を主張し、近代的な主権論を説いた。著書に『国家論』ほか。九六年没。
(5) **寺山修司**　一九三五年、青森県生。歌人・劇作家・映画監督。歌集『空には本』ほか。八三年没。
(6) **ラッセル**　Bertrand Arthur William Russell　一八七二年生。イギリスの論理学者・数学者・哲学者。核兵器廃絶・ベトナム反戦運動にも尽力。一九五〇年、ノーベル文学賞受賞。著書に『哲学入門』ほか。七〇年没。
(7) **ワイマール体制**　ドイツ革命で一九一九年に成立したワイマール憲法に基づく共和政時代を指す。第一次世界大戦後の戦後賠償や世界恐慌の影響で、社会民主党、中央党、民主党の連立政権は安定しなかった。
(8) **ナチス**　Nazis　国家社会主義ドイツ労働者党。一九一九年結成。三三年、ヒトラーを首相とするナチス・右翼勢力の連立政府が成立。ゲルマン民族至上主義と反ユダヤ主義を掲げ、ベルサイユ体制を打破し、第三帝国を形成した。四五年、第二次世界大戦の敗北により崩壊。
（9）**シュミット**　Carl Schmitt　一八八八年生。ドイツの政治学者・公法学者。ワイマール体制下、議会制民主主義を批判。一時、ナチス学会で活動。著書に『政治的なものの概念』ほか。一九八五年没。
（10）**夜警国家**　一七〜一九世紀の自由主義国家の国家観。国家の目的は個人の自由と財産の保護であり、その任務は国防・治安維持などに限定すべきであるという考え方。
（11）**国際連合**　一九四五年一〇月二四日発足。事務局、総会、安全保障理事会などの主要六機関と、ユネスコなどの一七の専門機関をもつ。本部はニューヨーク。
（12）**ケルゼン**　Hans Kelsen　一八八一年生。オーストリアの法学者。純粋法学を提唱。ナチスの台頭によりアメリカに亡命。ファシズム、マルキシズムを批判。著書に『一般国家学』ほか。一九七三年没。

▼第四章　憲法
（1）**フィルマー**　Robert Filmer　一五八八年頃生。イギリスの政治思想家。王権神授説を唱え、絶対王政を擁護した。著書に『パトリアーカ（家父長制）』ほか。一六五三年没。
（2）**慣習法**　日常的な慣習に、法としての効力が認められたもの。不文法の一種。
（3）**自然権**　自然法上の人間が本来もつ権利。国家や法律に先立つ諸権利。
（4）**立憲主義**　憲法によって国家権力を制限し、個人の権利や自由の尊重を謳う政治原則。
（5）**立憲君主制**　君主を元首としながら、憲法によって君主の権力を制限している政治形態。
（6）**天皇機関説**　大日本帝国憲法下で確立された憲法学説。統治権（主権）は法人である国家にあり、天皇はその最高機関であると規定。ドイツのイェリネックの国家法人説に基づき、一木喜徳郎、美濃部達吉が主唱。
（7）**一木喜徳郎**　一八六七年、遠江出身。憲法学者・官僚・政治家。天皇機関説の創始者。一九四四年没。
（8）**美濃部達吉**　一八七三年、兵庫県生。法学者。天皇機関説を唱える。一九三五年、国体明徴運動が起こり、右翼の攻撃で貴族院議員を辞し、『憲法撮要』等の著書も発禁を命じられる。四八年没。

（9）**子安宣邦**　一九三三年、神奈川県生。思想史家。大阪大学名誉教授。著書に『国家と祭祀』ほか。

（10）**和辻哲郎**　一八八九年、兵庫県生。哲学者・倫理学者。著書に『風土』ほか。一九六〇年没。

（11）**五箇条のご誓文**　一八六八年、明治天皇が宣布した、維新政府の五箇条の基本政策。

（12）**武田泰淳**　一九一二年、東京生。小説家。第一次戦後派として活躍。著書に『富士』ほか。七六年没。

（13）**毛沢東**　一八九三年生。中国の政治家・思想家。一九二一年、中国共産党の創立に参加。日中戦争時に抗日戦を指導。四九年、中華人民共和国を建設し、国家主席に就任。六六年には文化大革命を展開。七六年没。

（14）**スノー**　Edgar Parks Snow　一九〇五年生。アメリカのジャーナリスト。中国問題に関する権威として、共産党に関する著書を多く発表。著書に『中国の赤い星』ほか。七二年没。

▼第五章　戦後民主主義

（1）**三谷太一郎**　一九三六年、岡山県生。政治学者。東京大学名誉教授。著書に『大正デモクラシー論』ほか。

（2）**GHQ**　General Headquarters　連合国最高司令官総司令部。一九四五年、日本のポツダム宣言受諾にともない、対日占領政策の実施機関として設置。五二年、サンフランシスコ講和条約発効とともに廃止。

（3）**経済安定九原則**　一九四八年、占領軍によって指示された、日本の経済安定・インフレ抑制のための、経費削減、均衡予算、徴税の促進、賃金・物価の統制、為替の管理強化などの九項目からなる経済政策。

（4）**宮澤俊義**　一八九九年、長野県生。憲法学者。東京大学教授。著書に『日本国憲法』ほか。一九七六年没。

（5）**ポツダム宣言**　一九四五年七月二六日、ベルリン郊外のポツダムにおいて、アメリカ、イギリス、中国によって発せられた日本に対する降伏勧告と戦後処理方針の宣言。同年八月一四日、日本政府はこれを受諾。

（6）**治安維持法**　一九二五年制定。国体の変革や、私有財産制の否定を目的とする結社、またその組織者と参加者を処罰する法律。次第に、反体制的な思想や言論への弾圧手段となった。四五年一〇月一五日廃止。

（7）**三木清**　一八九七年、兵庫県生。哲学者。法政大学教授。著書に『哲学ノート』ほか。一九四五年、治安維持法違反の容疑者・高倉テルをかくまった容疑で拘留処分となり、九月二六日、豊多摩刑務所にて没。

（8）**日米安全保障条約**　一九五一年、サンフランシスコ講和条約と同時に日米間で調印。占領軍撤退後、憲法で非武装を謳った日本の安全保障のため、米軍の日本駐留を定めた。六〇年の改定で、日米両国の共同防衛と、米軍の軍事行動に関する日米両国の事前協議制度などを定めた新条約を締結。有効期限は一〇年間。一方による条約撤回が可能で、終了意思を通告した一年後に効力を失う。しかし、七〇年以後は、自動的に更新されている。条約の改定に反対する安保闘争（六〇年安保・七〇年安保）を誘発。

（9）**吉田茂**　一八七八年、東京生。政治家。外交官として駐英大使などを務め、一九四六年から五四年の間に五次の内閣を組織。五一年、サンフランシスコ講和条約・日米安全保障条約に調印。六七年没。

（10）**ゴードン**　Andrew Gordon　一九五二年生。アメリカの日本研究者。日本近現代労働史研究。ハーヴァード大学教授。著書に『歴史としての戦後日本』ほか。

（11）**連合赤軍事件**　一九七二年二月一九日から、連合赤軍（七一年、約三〇名によって結成）のメンバー五名が、長野県軽井沢町の浅間山荘に人質をとり、九日間立てこもった事件などを指す。後に「総括」の名のもと、メンバーの間の集団リンチにより多くの犠牲者が出ていたことが判明。

（12）**中間大衆論**　一九八四年、村上泰亮が『新中間大衆の時代』において、日本の総中流化を指摘した。以後、山崎正和『柔らかい個人主義の誕生』など、新しい大衆像が次々に提示されるようになる。

▼第六章　歴史認識

（1）**ランケ史学**　一九世紀、ドイツの歴史学者ランケが提唱。実証主義に基づく厳密な史料批判により、客観的で科学的な歴史研究をめざした。

（2）**歴史家論争**　一九八六年、ドイツの歴史家エルンスト・ノルテは論文「過ぎ去ろうとしない過去」において、アウシュヴィッツの歴史の相対化を図ろうとした。ユルゲン・ハーバーマスは、ナチスの犯罪を絶対悪と規定しなければドイツの戦後民主主義は成立しえないとして、ノルテを批判。多くの知識人たちも、論争に参入。

（3）**ヘーゲル**　Georg Wilhelm Friedrich Hegel　一七七〇年生。ドイツの哲学者。ドイツ観念論哲学の代表。

マルクスをはじめ、現代哲学に多大な影響を与える。著書に『精神現象学』ほか。一八三一年没。

（4）**世界精神**　ヘーゲルの歴史哲学における重要概念。ヘーゲルは、歴史を形成する精神的な活動の総体を、世界精神として考察した。

（5）**史的唯物論**　唯物史観。マルクス主義における歴史観。社会の発展の原動力は、神の摂理や人間の観念などではなく、物質的な生産の諸条件であるとする。また、生産過程における人間相互の諸関係は、弁証法的に展開しながら階級闘争や革命を誘発し、共産主義社会が成立すると説く。

（6）**ノルテ**　Ernst Nolte　一九二三年生。ドイツの歴史家。ホロコーストの歴史の相対化を図った論考が、ハーバーマスによって反論され、「歴史家論争」に発展。著書に『ファシズムの時代』ほか。

（7）**スターリン**　Iosif Vissarionovich Stalin　一八七九年生。ソ連の政治家。レーニンの死後、一国社会主義を唱えて大粛清を遂行、トロツキーらとの内部闘争に勝利。一九四一年、人民委員会議長に就任。五三年没。

（8）**ポル・ポト派**　カンボジアの武装革命組織クメール・ルージュ。ポル・ポトを最高指導者として、一九七六年、民主カンプチア政府を樹立。住民の強制移住や文化政策を強要し、次第に虐殺・収容所への強制連行などへと繋がっていく。七九年、ベトナム軍のカンボジア侵攻によって政権を奪われ、以後、ゲリラ戦を展開。

（9）**新しい歴史教科書をつくる会**　一九九七年発足。戦後教育の歴史観を自虐史観と批判。二〇〇一年、「つくる会」の中学校歴史教科書が検定を通過。その使用をめぐって、内外に賛否両論がある。

（10）**五・四運動**　一九一九年五月四日、北京の学生によるデモを発端として中国全土に拡大した反帝国主義運動。パリ講和会議における日本の対華二一箇条要求承認への反対がその直接原因。中国革命の出発点となる。

（11）**ヴィーコ**　Giambattista Vico　一六六八年生。イタリアの哲学者。デカルト派による認識論に反対し、歴史哲学を考察。著書に『新しい学』ほか。一七四四年没。

（12）**コント**　Auguste Comte　一七九八年生。フランスの哲学者。社会学を創始。著書に『実証哲学講義』ほか。一八五七年没。

（13）**ポスト・コロニアル理論**　欧米の植民地主義が被支配地域にどのような影響を与えたのかを分析する研究

動向。第二次世界大戦後、多くの植民地が独立した状況を背景に現れた。七八年、エドワード・W・サイードの『オリエンタリズム』が刊行され、理論的に認知された。スピヴァクやホミ・バーバ等が代表的な論者。
(14) **カルチュラル・スタディーズ** cultural studies 一九七〇年代、イギリスのバーミンガム大学現代文化研究センターで、スチュアート・ホールを中心に始まった新しい知の潮流。正典(権威ある文学作品など)にとらわれず、現代のあらゆる大衆文化の諸相に注目し、批判的マルクス主義の成果などを駆使して分析する。
(15) **加藤典洋** 一九四八年、山形県生。早稲田大学教授。文芸評論家。著書に『敗戦後論』ほか。
(16) **東京裁判** 極東国際軍事裁判。第二次世界大戦における日本の主要戦争犯罪人に対して、東京で行われた、連合国による国際軍事裁判。一九四六年五月三日審理開始、四八年一一月一二日に判決。
(17) **ニュルンベルク裁判** 第二次世界大戦後の一九四五年一一月から、ドイツ中南部の都市ニュルンベルクにおいて、ナチス・ドイツの重要戦争犯罪人に対し行われた、連合国による国際軍事裁判。
(18) **A級戦犯** 東京裁判における戦争犯罪人の区別。「平和に対する罪」について、その指導的立場にあることを以て、有罪判決を受けた。
(19) **ハーグ条約** 一八九九年と一九〇七年、ロシア皇帝ニコライ二世の提唱により、オランダでハーグ平和会議が開かれた。戦争法規に関するいくつかの条約が採択され、これらを総称してハーグ条約という。
(20) **ヴィルヘルム二世** Wilhelm II 一八五九年生。ドイツ帝国皇帝(在位八八～一九一八年)。第一次世界大戦後、ドイツ革命によって退位し、オランダへ亡命。一九四一年没。
(21) **司馬遼太郎** 一九二三年、大阪府生。歴史小説家。司馬史観と呼ばれる独自の歴史観で有名。著書に『街道をゆく』ほか。九六年没。
(22) **第二次日韓協約** 乙巳保護条約。一九〇五年、日本は韓国政府の外交権を剝奪。韓国統監府の下、保護国とした。第一次は〇四年、第三次は〇七年に締結され、日本による朝鮮の植民地化が推進された。
(23) **ポーツマス条約** 日露講和条約。日露戦争の講和条約。一九〇五年、アメリカのポーツマスにおいて、アメリカ大統領T・ルーズベルトの仲介で、日本全権小村寿太郎、ロシア全権セルゲイ・ウィッテによって調印・

締結された。韓国における権益の承認や、樺太の南半分の割譲などが決められた。

(24) **小村寿太郎**　一八五五年、日向飫肥藩生。政治家・外交官。一九〇一年、桂太郎内閣で外務大臣。〇五年、ポーツマス会議の全権大使。〇二年の日英同盟締結、一〇年の韓国併合などを遂行。一一年没。

(25) **済州島四・三事件**　一九四八年四月三日、南朝鮮だけの単独選挙に反対し、済州島で武装蜂起が勃発。武力鎮圧により三万人を超える島民が犠牲となった。「共産暴動」の烙印が押され、タブー視されてきたが、八〇年代末から真相究明の動きが高まり、二〇〇〇年一月、真相究明および犠牲者の名誉回復の特別法が制定された。

(26) **光州民主化闘争**　一九八〇年、韓国全羅南道の光州市で、朴正煕大統領暗殺以来の政治的混乱下で布告された非常戒厳令に対し、大規模な反政府デモが起こる。全斗煥政権は軍隊を出動し、これを鎮圧。

(27) **金日成**　一九一二年生。三二年ごろから中国東北部のゲリラ闘争を指導。四八年、朝鮮民主主義人民共和国の首相、四九年朝鮮労働党委員長に就任。独裁体制を強化し、七二年より国家主席。九四年没。

(28) **親日真相究明法**　歴史の捉え直しが進む韓国において、二〇〇五年、国会で可決。日帝による植民地時代の被害や調査、親日派による反民族的行為の究明のため、〇四年、強制動員究明法、反民族行為真相法が立法化した。その流れを汲み、更なる調査継続をめざす。

(29) **講座派マルクス主義**　一九三〇年代に行われた論争の際、日本の資本主義には封建制が温存されていると指摘した学派。『日本資本主義発達史講座』の刊行にちなんでつけられた。

▼第七章　東北アジア

(1) **六者協議**　六ヶ国協議。二〇〇三年八月、アメリカ合衆国、大韓民国、朝鮮民主主義人民共和国、中華人民共和国、ロシア連邦、日本の代表者が一堂に会し、北朝鮮の核開発疑惑などを協議。以後、断続的に催される。

(2) **梅棹忠夫**　一九二〇年、京都府生。民族学・比較文明学。京都大学名誉教授、国立民族学博物館名誉教授・顧問。著書に『文明の生態史観』ほか。

(3) **湾岸戦争**　一九九〇年八月、クウェートに侵攻したイラクに対し、同年一一月、国連安保理は武力行使容認決議を採択。九一年一月、アメリカ軍五四万人を中心とする二八ヶ国による多国籍軍がイラク攻撃を開始。同年三月、イラクは、国連安保理による停戦決議を全面受諾、停戦協定が締結。

（4）**ソ連邦崩壊**　一九八〇年代後半、東欧社会主義国の民主化の流れは、バルト三国の独立要求へと繋がる。その後、保守派のクーデターにより、九一年八月に一時軟禁されたゴルバチョフ大統領は、ソ連共産党の解体を勧告。一二月二五日、ソ連共産党の一党独裁による社会主義体制と、一五共和国による連邦体制が崩壊。

（5）**ユーゴ紛争**　第二次世界大戦後、パルチザンを指揮したチトーを中心に、多民族国家ユーゴスラビア社会主義連邦共和国が樹立。だが一九九〇年、共産主義者同盟が分裂。九一年、内戦が激化し、スロベニア、クロアチア、ボスニア・ヘルツェゴビナが独立。九二年、国連保護軍（UNPROFOR）が派遣されるが民族・宗教的な対立はさらに深まり、九五年、アメリカの介入でデイトン和平合意が締結される。

（6）**パレスチナ問題**　聖書の主要な舞台であるカナンは、一九二三年、イギリスの委任統治領パレスチナとなる。第二次世界大戦後、国連がユダヤ人とアラブ人の両国家に分割することを決議したが、アラブ側が拒否。四八年のイスラエル建国をきっかけに、四次にわたる中東戦争が勃発。現在も解決への道は困難を極めている。

（7）**ロシア革命**　一九〇五年、「血の日曜日」を契機に民衆が蜂起し、ソビエト（会議）が結成される。国会開設や憲法制定公約などによって鎮静化。一七年三月、民衆・兵士が再度蜂起し、ロマノフ朝が崩壊（二月革命）。同年一一月、レーニン指揮下のボリシェヴィキが臨時政府を打倒し、ソビエト政権が樹立（十月革命）。

（8）**中国革命**　辛亥革命。一九一一年一〇月一〇日の武昌での武装蜂起に始まり、全国に革命勢力が展開、翌年一月、中華民国を樹立。孫文を臨時大総統とする南京臨時政府が成立。組織が弱体であった革命勢力は、北洋軍閥・袁世凱と妥協した結果、袁が大総統に就任。

（9）**文化大革命**　毛沢東や林彪らが一九六六年より主導した、中国の政治・思想・文化闘争。党や行政機関の実権を国家主席・劉少奇らから奪った。その弊害により、多数の犠牲者が出た。毛沢東の死後、華国鋒が、江青ら四人組を文革の責任者として逮捕し、七七年に終了が宣言された。

（10）**大東亜共栄圏**　太平洋戦争期に、日本によるアジア支配を正当化するためにつくられたスローガン。欧米の排除と、日本を盟主とするアジア地域の共存共栄を謳った。一九四〇年の松岡洋右の談話に由来する。

（11）**伊藤博文**　一八四一年、長州藩生。政治家。一八八五年、大日本帝国初代首相に就任。一九〇五年、韓国統監府初代統監に就任。〇九年、ハルビン駅にて暗殺。

（12）**安重根**　一八七九年生。朝鮮の独立運動家。日本の侵略に対し、義兵闘争を展開。一九〇九年、伊藤博文をハルビン駅で暗殺。翌一〇年処刑。

（13）**EU**　European Union　ヨーロッパ連合。経済・政治統合を目的とする。一九五二年、フランス、ドイツなど、六ヶ国で発足したECSC（ヨーロッパ石炭鉄鋼共同体）が母体。九一年のマーストリヒト条約で設立が合意され、九三年発足。二〇〇六年現在、二五ヶ国が加盟。

（14）**NAFTA**　North American Free Trade Agreement　北アメリカ自由貿易協定。一九八九年発効のアメリカ・カナダ自由貿易協定をメキシコにまで拡大し、九二年に三国間で調印し、九四年に発効。関税の相互引き下げなどを取り決め、貿易と生産の活性化を目的とした。

（15）**ASEAN**　Association of Southeast Asian Nations　東南アジア諸国連合。一九六七年、タイなど五ヶ国により結成された経済・行政・文化などの地域協力機構。二〇〇六年現在、一〇ヶ国が加盟。

（16）**WTO**　World Trade Organization　世界貿易機関。一九九五年、GATTのウルグアイ・ラウンドの包括協定によって創設された国際機関。世界貿易を統括し、国際紛争処理機関をもつなど、GATTの権限・機能を強化した。

（17）**グラック**　Carol Gluck　一九四一年生。アメリカの歴史学者。コロンビア大学教授。著書に『「日米関係」からの自立』（共著）ほか。

（18）**中曽根康弘**　一九一八年、群馬県生。政治家。一九八二年、第七一代内閣総理大臣（在任八七年まで）に就任。自民党。

（19）**岡倉天心**　一八六二年、横浜生。美術評論家・思想家。フェノロサに師事。日本美術院を設立。ボストン美術館東洋部長を務め、東洋・日本美術の海外への紹介に尽力。著書に『日本の目覚め』ほか。一九一三年没。

▼あとがき

（1）**ケーガン** Robert Kagan 一九五八年生。カーネギー国際平和財団上級研究員。九七年、W・クリストルとともにシンクタンク「アメリカ新世紀プロジェクト（PNAC）」を設立。

（2）**シュトラウス** Leo Strauss 一八九九年、ドイツ生。政治哲学者。ネオコンの理論的始祖。ニューヨークの New School for Social Research やシカゴ大学で多くの研究者を育てる。著書に『ホッブズの政治学』など。一九七三年没。

姜尚中（カン　サンジュン）

一九五〇年生まれ。早稲田大学大学院政治学研究科博士課程修了。東京大学大学院情報学環教授。専攻は政治学・政治思想史。著書に『マックス・ウェーバーと近代』『オリエンタリズムの彼方へ』『ナショナリズム』『東北アジア共同の家をめざして』『日朝関係の克服』『反ナショナリズム』『在日』ほか。共著に『ナショナリズムの克服』『デモクラシーの冒険』ほか。

姜尚中《カンサンジュン》の政治学入門《せいじがくにゅうもん》

集英社新書〇三三〇A

二〇〇六年二月二二日　第一刷発行
二〇〇八年四月三〇日　第七刷発行

著者……姜尚中《カンサンジュン》
発行者……大谷和之
発行所……株式会社集英社
東京都千代田区一ツ橋二-五-一〇　郵便番号一〇一-八〇五〇
電話　〇三-三二三〇-六三九一（編集部）
〇三-三二三〇-六三九三（販売部）
〇三-三二三〇-六〇八〇（読者係）

装幀……原　研哉
印刷所……凸版印刷株式会社
製本所……加藤製本株式会社

定価はカバーに表示してあります。

ISBN 4-08-720330-1 C0231

集英社新書　好評既刊

チョムスキー、民意と人権を語る
ノーム・チョムスキー／聞き手・岡崎玲子　0319-A
問題は何か？　世界的知識人に20歳の俊英が問うオリジナル・インタビュー。チョムスキーの論文も収録。

奇妙な情熱にかられて
春日武彦　0320-E
ミニチュア・境界線・贋物・蒐集…人の不可解な情熱、こだわりを通して人間心理におけるリアリティを探る。

松井教授の東大駒場講義録
松井孝典　0321-G
惑星科学の第一人者が最近の東大生のレベル低下を阻止すべく一般教養の教壇に。21世紀の「智」の体系。

食べても平気？　ＢＳＥと食品表示
吉田利宏　0322-B
消費者には分かりにくい食品表示の法制度やマークの意味、ＢＳＥ対策、情報公開システムなどを解説。

必笑小咄《こばなし》のテクニック
米原万里　0323-F
日本人離れしたユーモアセンスの持ち主が笑いの法則をつきとめ、分類。自作も含め例文満載、応用自在。

アスベスト禍
粟野仁雄　0324-B
なぜここまで大きな悲劇に⁉　日本人が直面した「国民災害」は、業界・行政ぐるみの不作為のツケだった。

小説家が読むドストエフスキー
加賀乙彦　0325-F
19世紀の作品が今なお読者を魅了し続ける、その現代性の秘密。仕掛けられた謎や構造、主題を読み解く。

環境共同体としての日中韓
寺西俊一監修／東アジア環境情報発伝所編　0326-B
東アジアの環境破壊は国家の枠を越えて拡大している。その衝撃の実態と、必要な未来への取り組みとは。

論争する宇宙
吉井　譲　0327-G
アインシュタインが自ら否定した謎の「宇宙定数」はなぜ甦ったか。銀河物理学者が案内する宇宙論の先端。

人間の安全保障
アマルティア・セン　0328-A
安全が脅かされるこの時代に、欠かせない視点とは？　アジア初のノーベル経済学賞受賞者が語る小論集。

既刊情報の詳細は集英社新書のホームページへ
http://shinsho.shueisha.co.jp/